Chillonius in Japan

Josef von Doblhoff

Chillonius in Japan

Mit Fotografien von Raimund von Stillfried

Herausgegeben von Klaus Lerch

Die deutsche Nationalbibliothek verzeichnet diese Publikation in der Deutschen Nationalbibliographie. Detaillierte bibliographische Daten sind im Internet über http://d-nb.de abrufbar.

ISBN 978-3-945058-10-7

© 2016 by Hibarios Verlag, Kaarst

Herstellung: Books on Demand GmbH, Norderstedt

Inhaltsverzeichnis

Vorwort 7

Chillonius in Japan 9

    Eine Reise nach Japan 9

        Vorwort zu „Von den Pyramiden zum Niagara" 9

        Einleitung 11

        In Japan 12

        Hiogo (Kobe), Ausflug nach Osaka 32

        Yokohama und Yeddo 53

        Osterexkursion nach Enoshima 99

    Mamsell Espenlaub 121

Josef von Doblhoff 142

Raimund von Stillfried 145

Vorwort

Josef Freiherr von Doblhoff war der Sohn einer wohlhabenden Familie aus Baden in Niederösterreich. Angeregt durch Jules Vernes Roman „Reise um die Welt in 80 Tagen" und durch die Weltausstellung, die im Jahre 1873 in Wien stattfand, machte er sich im gleichen Jahr auf seine große Reise, die ihn in 285 Tagen um die Welt führen sollte.

In Wien hatte der japanische Bereich der Weltausstellung mit seiner verspielten Gartenanlage, einem pittoresken Shintō-Schrein, einer leuchtend roten Bogenbrücke und einer Vielzahl kunstvoll gestutzter Bonsai-Bäumchen eine besondere Faszination auf Doblhoff ausgeübt. So ist es verständlich, dass er den Besuch in Japan als den Höhepunkt seiner Weltreise betrachtete. Reisen in dieses Land waren erst wenige Jahre zuvor möglich geworden, nachdem Japan sich geöffnet und in der Folge der Meiji-Restauration dem Westen zugewandt hatte.

Sechs Wochen dauerte Doblhoffs Aufenthalt in Japan, vom 1. März bis zum 14. April 1874. Der Österreicher hatte sich die Zeit der Kirschblüte ausgesucht, wie es für Japanreisende damals üblich war. Doch vor Ort war er schnell ernüchtert. Er musste feststellen, dass die romantisierende Darstellung Japans auf der Weltausstellung in Wien wenig gemein hatte mit der Realität im Land der aufgehenden Sonne. So ist es nicht verwunderlich, dass sich die Stimmung in seinem Reisebericht von anfänglicher Begeisterung zu kategorischer Ablehnung verfärbt. Dies gipfelt in Doblhoffs Beurteilung der Ästhetik des Berges Fuji als störend und hässlich.

In Japan traf Doblhoff auf seinen Landsmann Raimund von Stillfried. Diesen hatte er bereits auf der Weltausstellung in Wien kennengelernt. Stillfried war dort für den Aufbau eines japanischen Teehauses verantwortlich gewesen. In Japan war Stillfried als Maler und Fotograf tätig. Er betrieb ein Studio in Yokohama. Der Aristokratensohn aus Österreich war ein Abenteurer. Kein Risiko war ihm zu hoch, um ein spektakuläres Motiv auf die Fotoplatte zu bannen. So stand Stillfried kurz vor der Ausweisung, nachdem er mit der Vermarktung eines heimlich aufgenommen Kaiserportraits begonnen hatte. Auch sein Versuch, während einer Hinrichtung den fallenden Kopf abzulichten, sorgte für Aufregung.

Doblhoff hat seine Reise akribisch dokumentiert. Bereits 1875 publizierte er seine Aufzeichnungen in einem mehr als tausend Seiten starken Privatdruck. Seine Freunde überredeten Doblhoff, das Werk einer breiteren Öffentlichkeit zugänglich zu machen. So entschied er sich 1881 zur Veröffentlichung einer auf 603 Seiten gekürzten Ausgabe im Selbstverlag. Der Band trug den Titel „Von den Pyramiden zum Niagara – Eine Reise um die Erde". Er verstand sein Werk als nützlichen Ratgeber für andere, die sich ebenfalls auf Weltreise begeben wollten.

Doblhoffs Reisebericht wird in dem hier vorliegenden Band durch zwölf Fotografien Stillfrieds illustriert, allesamt Genre-Bilder, die den Europäern im ausgehenden 19. Jahrhundert die faszinierende Welt der Menschen im Land der aufgehenden Sonne vermitteln sollten.

Nach Doblhoffs Rückkehr von seiner Weltreise betätigte er sich zunehmend als Schriftsteller. Hatten seine Werke zunächst noch wissenschaftlichen Charakter, wendete er sich später der Prosa zu. So entstanden, insbesondere zwischen 1883 und 1894, eine Vielzahl von Erzählungen, Romanen und Theaterstücken. Bei all diesen Werken hielt Doblhoff die Verwendung von Pseudonymen für angebracht. Am häufigsten verwendete er „Paul Daviloff", „Chillonius" oder einfach nur „J. D." Der Name „Chillonius" war abgeleitet vom Schloss Chillon bei Lausanne.

Der vorliegende Band enthält neben dem Reisebericht auch Doblhoffs einzige Novelle, die von seinem Japanaufenthalt inspiriert war. „Mamsell Espenlaub – Eine japanische Dorfgeschichte" wurde erstmals im Jahre 1900 im Verlag Robert Baum, Leipzig, veröffentlicht. Auch hier fand das Pseudonym „Chillonius" Verwendung. Man darf wohl behaupten, dass der 1883 von Pierre Loti verfasste Roman „Madame Chryantheme" sowohl beim Titel als auch beim Inhalt des Dobelhoffschen Werkes Pate gestanden hat.

Klaus Lerch   Kaarst, im Februar 2016

Chillonius in Japan

Eine Reise nach Japan

Vorwort zu „Von den Pyramiden zum Niagara"

Die „Tagebuchblätter von einer Reise nach Ostasien" welche im Jahre 1875 in drei Bänden als Manuskript gedruckt wurden und einen Teil meines bildlichen Materials erhalten, kamen niemals in die Öffentlichkeit.

Dem Rate meiner Freunde folgend, entschloss ich mich, durch eine neue Bearbeitung des Stoffes einem größeren Leserkreise gerecht zu werden und entkleidete zu diesem Zwecke das Tagebuch seines rein persönlichen Charakters, brachte die Erlebnisse und Erscheinungen, welche meine Bahnen kreuzten, in gedrängtere Form und hoffe damit bieten zu können, was ich anstrebe:

Eine Reihe von Bildern nach der Natur, deren Wert in der Unmittelbarkeit liegt. Aus derselben Ursache legte ich dem größeren Teile der Illustrationen Originalaufnahmen meines Reisegefährten Julius R. von Blaas und eigene Skizzen zugrunde. Der Illustrator hierbei die allerdings sehr schwierige Aufgabe, die Bilder häufig nach leicht hingeworfenen Linien, oft sogar nach Beschreibungen zusammenstellen zu müssen. Zugleich habe ich die statistischen Notizen durch neue vermehrt und einige spätere bezügliche Daten eingefügt.

Obwohl ich mir nicht schmeicheln darf, für meine rein touristischen Erlebnisse auch in der wissenschaftlichen Welt Anerkennung zu finden, so steht diese doch insofern mit dem Inhalte meines Buches in Verbindung, als mir durch den Verkehr mit Männern der Wissenschaft so vielseitige Anregungen zur Darstellung des gesammelten Stoffes gegeben wurde. Ich will hier zugleich auch das Miteigentumsrecht aller

Jener geltend machen, welche, in ähnlichem Sinne wie ich, bestrebt sind, Reiseeindrücke unmittelbar zu fesseln und daher aus meiner möglichst detaillierten Zusammenstellung einigen Nutzen schöpfen könnten.

Diese Schilderungen seien dem Reiselustigen eine Erinnerung, dem Daheimgebliebenen ein kleiner Ersatz für entbehrte Genüsse, und so hoffe ich, dass Jeder finden werde, was ich in der Vorrede verspreche. Es ist nicht gut, sein geistiges Eigentum hinter Schloss und Riegel zu legen. Jeder freue sich mit mir der Wunder des Erdballs, die zu schauen nicht Vielen vergönnt ist.

Möge das Gleichgewicht, welches ich zwischen Beobachtung und Darstellung einzuhalten bestrebt war, den Mangel an wissenschaftlicher Tiefe ersetzen.

Ich wählte den Titel: „Von den Pyramiden zum Niagara" weil zwischen dem Suezkanal und dem östlichen Ende der Pazifikbahn, zwischen den Pyramiden und dem Niagara, der mir neue Teil des Weges lag. Die früheren Wanderungen in Nordamerika und Spanien, Frankreich und Italien, Griechenland, Deutschland und in der Schweiz, sowie die Nilfahrt habe ich einem zweiten und dritten Bande zugedacht.

Zum Schlusse sage ich allen Jenen, welche mir bereitwillig mit ihrem Mute an die Hand gingen, meinen besten Dank. Noch besonders sei hier der deutschen und österreichisch-ungarischen diplomatischen und Konsulats-Vertretungen gedacht, welche uns den Aufenthalt im Süden und fernen Osten fruchtbringend und lehrreich werden ließen.

Mit Freude habe ich in jüngster Zeit vernommen, dass meine Aufzeichnungen mehreren Freunden, welche ganz oder teilweise dieselbe Route wählten, als Anhaltspunkt nützlich geworden sind. Der Zweck meines Buches wäre damit erfüllt.

Maria-Enzersdorf, im September 1880

Der Verfasser

Einleitung

Ich war kein Neuling im Wandern, als ich meine Reise um die Erde antrat. 1870 hatte ich fünf Monate lang Italien bereist, fast alle hervorragenden Kunstinstitute und Denkmäler dieses Landes bewundert, früher schon Frankreich, Schweden, die Schweiz und Deutschland besucht. Bald darauf folgte eine Reise nach Spanien, hierauf eine Nilfahrt. Zu Weihnachten 1871 hatte ich Philae, als den südlichsten Punkt meine Ausflüge, erreicht. Von dort war ich im Februar 1872 über Athen und Korfu zurückgekehrt. Aber schon nach einem Monate traf ich Anstalten zu einer neuen Reise, deren Ziel Paris, London und Nord-Amerika war. Ich schiffte mich am 4. Mai 1872 in Havre ein, landete nach einer sehr stürmischen Überfahrt an Bord des Hamburger Dampfers Cimbria in New York, sah den Niagara, Baltimore, Philadelphia und Washington, musste jedoch, an Fieber erkrankt, Heilung in den Alpen suchen.

Den Winter des Jahres 1873 verbrachte ich in Montreux und schiffte mich dann in Marseille nach Konstantinopel ein. Ich befuhr auf dem Rückwege die Donau von Rustschuk bis Bazias und traf wenige Tage nach Eröffnung der Weltausstellung in Wien ein. Die gesammelten Eindrücke in dem Tempel der Arbeit und des Weltverkehres in den Praterauen brachten einen lang gehegten Wunsch zur Reife und erweckten die Reiselust in so lebhafter Weise, dass ich schon den folgenden Herbst zur Ausführung meines Projekts festsetzte.

Am 20. Oktober 1873 verließ mein Reisegenosse, der Maler Julius R. v. Blaas, Wien. Ich folgte am 21. abends nach. Kalter Wind wehte durch die Wagonfenster, als ich, nach kurzem Abschiede, gegen Süden rollte. Einsam fröstelnd hatte ich im Coupé die nötige Muße, meinen die Reise vorbereitenden Gedanken Audienz zu gewähren. Kein Wunder war es, wenn mir der Süden in reizenden Bildern entgegenlachte, während der Bahnzug die Bora- und Steinwüste des Karst durchkreuzte. Hinter Nabresina senkt sich der Bahnkörper. Plötzlich lag die bleigraue See in ihrer ewigen Majestät vor meinen Augen. Ein Halbkreis von Lichtern deutete in der Ferne die Quais von Triest an. Daneben flackerte die große Leuchte des Hafens auf und nieder, bei jeder Drehung des Schirmes merklich schwindend und wieder neu erstehend. In ihr sah ich das Vorbild meiner Reise, die Schwankungen des Schicksals, in ihr die Ebbe und Flut des Lebens, aber auch die hoffnungsreiche Vorbedeutung einer glücklichen Heimkehr um die Welt! Die Hoffnung ist ein Leuchtturmlicht, das Wiedersehen der Tag.

Bald rollten wir im Bahnhofe ein. Die erste Station der langen Reise war erreicht, das kürzeste Stück des Weges zurückgelegt. Schon träumte ich mich auf dem wogenden Meere.

In Japan

Um halb acht Uhr Früh war ich aufgestanden, aber schon hatten wir die Stadt aus dem Gesichte verloren. Nun ging es ja unserem Ziele entgegen, und wir hatten das erreicht, was uns während der ganzen Reise als Lichtpunkt erschien: In solch idealem Schimmer glänzte das erwartete Land, durch Schilderungen und Berichte so günstig beleuchtet, dass, trotz Rebellion und Kälte, Missbehagen und kleiner Verdrießlichkeiten, der Sinn heiter blieb und sich der Nähe des waldigen Nagasaki herzlich freute. In 48 Stunden sollten wir eine der Zauberinseln betreten, welche seit zwei Jahren die Krone meiner touristischen Bestrebungen bildeten. Freilich hatte ich bei + 6° Ré im Freien und ziemlich starkem Gewinde nicht Lust, mich viel mit Meinungsverschiedenheiten abzuquälen, und meine Aussichten waren damals noch so unfertig, dass ich wohl zu entschuldigen war, wenn ich den Schmutz des Yangtsekiang, d. h. alle äußerlichen Eindrücke, welche China bot, in der Aussicht auf den japanischen „ewigen Frühling" nicht sehr vermisste.

Um zwei Uhr kamen wir in offene See. Der Wind blies kalt aus Osten, das Meer war leicht bewegt. Ruhig und majestätisch arbeitete der Große Beam und die Räder des Schiffes (Paddle-wheels) machten den Schiffskörper erzittern, der ein gewaltiges Wasser-Déplacement hatte.

Nachmittags um halb fünf Uhr sahen wir eine uns schon aus dem bengalischen Golfe bekannte Übung an Bord, in der man Feuerlärm fingierte. Die Schnelligkeit der chinesischen und japanischen Bemannung erregte unsere Bewunderung. Nach zwei Minuten war der Brand „gelöscht". Die Feuerrolle ist stets verteilt.

Wir traten bald darauf aus den Nebelbänken Chinas so plötzlich in eine reinere Luft, dass wir vermeinten, seit Südchina nicht mehr so herrlichen Sonnenschein erlebt zu haben, und wir schüttelten die Einwirkungen der nassen Kälte Shanghais freudig von uns ab. Immer milder wurde die Sonne und die See nahm eine blaugrüne Farbe an. Der Salon, welcher mit Dampf geheizt war, schien so unnatürlich erhitzt, dass man in der künstlich ausgetrockneten Luft sich nicht wohl fühlte und das Deck natürlich vorzog.

Die Schrecken der Rebellion hatten für uns in diesen heiteren Tagen bald an düsterer Farbe verloren.

Captain F., auch von Baron Hübner als wahrhaft liebenswürdig geschildert, tat sein Möglichstes um in jeder Richtung Auskünfte zu geben. Mr. Sh. und Mr. L. waren alte Bekannte seit Hongkong. Unter den neuen waren einige hübsche, junge Amerikanerinnen zu erwähnen, deren eine eben an einen englischen Arzt verheiratet worden war. Ferner Mr. Unbuthnot und etliche Japan bewohnende Geschäftsleute. L. führte einen kleinen japanischen Diener „Boy" bei sich, welcher so feine Züge hatte, dass wir ihn allgemein für ein verkleidetes Mädchen erklärten.

Captain F. erzählte, er sei „Pioneer" dieser Linie und habe vor sieben Jahren den Dampfer Costarica, den ersten Dampfer dieser Company"von der Linie New York – Aspinwall (Isthmus von Darien) um das Kap nach China und Japan gebracht.

Das amerikanische „have a smoke with me", „have a drink" war schon hier zu vernehmen. Die Offiziere zeichneten sich alle durch Höflichkeit aus.

Am 28. erwachte ich gegen halb zehn Uhr Früh aus tiefem Schlafe und fand die See glatt wie Öl. Leichter Wind erhob sich. Die ganze Gesellschaft atmete auf. Man behauptete sogar schon Nagasakis Walddüfte zu wittern und das affektierte: „charming", „lovely day", „nice weather" hörte man von allen Seiten.

Wir konnten von großem Glücke reden, denn die Überfahrt von Shanghai nach Nagasaki gilt sonst für sehr stürmisch. Wir waren damals in der Zeit des Monsunwechsels, in welcher zwischen Orkan und

Kalmen wenige Übergänge existieren und hatten die Chance, gerade auf eine ruhige Zeit zu stoßen.[1] Lustig flatterte das elegante Sternenbanner.

Bewegung ist an Bord der Amerikaner leichter ermöglicht, als auf anderen Schiffen, da über dem aufgebauten Salon ein freies Deck für alle Passagiere erster Klasse liegt. Wer achteinhalb Mal um dieses Upperdeck lief, machte, nach der Äußerung des Kapitäns, gerade eine englische Meile. Distanzmessen ist ein Charakterzug Bruder Jonathans.

Gegen Nord erschien bald die Insel Duelpart vor der uns nicht sichtbaren Koreaküste, und die nächsten Inseln, welche wir erwarteten, waren die Gotto Islands, schon zu Japan gehörig.

An jedem Tage hielten der Doktor (Surgeon) und der Kapitän offizielle Kabinen-Inspektionen. Ich fand diese Einrichtung trefflich, sie verdient Nachahmung. Darum aber putzten und scheuerten die Chinesen auch an jedem Morgen in ängstlicher Hast. Jedes Stäubchen wurde abgewischt, jedes Glas gereinigt, und die kleinen Stuben sahen wahrhaft niedlich aus. Das Schiff gehörte übrigens auch zu den besten der „Pacific Company" und die Reinlichkeit, leidlich gute Kost, der Komfort mit großen Kabinen und unverhältnismäßiger Breite der unteren Lagerstätten, wie ich sie noch aus keinem anderen Dampfschiffe gesehen hatte, machten das Leben sehr erträglich.

Wir sollten noch vor Mitternacht in den Hafen einlaufen, und dafür sprach auch die im Vorsalon an der Bulletin-Tafel angeschlagene Mittagsobservation, welche einen Lauf von 279 Meilen seit 24 Stunden, sowie noch bevorstehende 130 Seemeilen bis Nagasaki, ferner die Stellung Latitude 32° 9′ North und Longitude 128° 23′ East angab.

Trotz des schärfer wehenden Ostwindes erhob sich die See nicht heftig und bald erschien gegen OSO ein Nebelfleck von gleicher Farbe mit dem blaugrauen Gewölke. Eine Insel, der erste Vorläufer der Gotto-Inseln, das erste Stück Japan! Das war um halb zwei Uhr Nachmittags gegen NO. Des Abends fuhren wir nahe daran vorüber.

---

[1] Der „Golden Age" erlitt eine Woche nach uns schwere See auf dieser Strecke.

Andere Inseln im Südosten, als sie noch circa 15 englische Meilen von uns entfernt gewesen waren, schienen unter dem Einflusse einer optischen Täuschung zu schwimmen, denn sie trennten sich ganz deutlich links und rechts von dem Horizonte ab, und man hätte glauben können, die Berührungsstellen von Land und Wasser seien nach oben aufgebogen. Hierauf zeigten sich etliche sonnige Stellen, dann aber fiel wieder Nebel und Regen ein.

Beiläufig um elf Uhr nachts passierten wir endlich die Insel Papenberg bei Mondschein. Sie ist der Schauplatz einer mächtigen Christenverfolgung und ihr liebliches Aussehen straft die traurigen Ereignisse, welche sich auf ihr abspielten, Lügen. Ein Boot von einem amerikanischen Kriegsschiffe glitt uns entgegen und verkündete Sicherheit vor den Rebellen. Wir warfen Anker. Vergeblich strengte ich meine Augen in der Dunkelheit an. Da die Landschaft in Nebel und Regen gehüllt war, konnte ich nichts unterscheiden und musste mich mit der Hoffnung auf den nächsten Tag trösten.

Am 1. März, vier Uhr Früh, war ein Kanonenschuss abgefeuert worden, und zwar an Bord unseres Schiffes auf eine Distanz von kaum sechzig Schritten von meiner Schlafstelle und wir hatten ihn nicht gehört! Wie man doch das Seeleben gewöhnt! Schlaf und Gewohnheit besiegen alles.

Die ganze Nacht und gegen Morgen hatte es in Strömen geregnet. Als ich jedoch aufs Deck kam, war die Luft reiner und ich konnte die Landschaft betrachten. Ich hörte, dass die Rebellengefahr für Nagasaki gänzlich beseitigt sei, nur vierzig englische Meilen von der Bai seien noch 2000 Rebellen von 4000 Kaiserlichen festgehalten.

Unser New-York hatte acht Tage zuvor 700 Mann an Bord gehabt. Ich sah mehrere Kriegs- und Handelsschiffe. Unter denselben zählte ich russische, englische, amerikanische und japanische.

Gierig verschlangen meine Augen die Landschaft, welche trotz des trüben Tages niedlich und reizend erschien. Wie lachend musste sie bei Sonnenschein sein? Unwillkürlich wurde man durch diese heiteren Linien, diese friedliche Staffage und das Treiben des kindischen Völkchens fröhlich gestimmt. Das alles glich einem kunstreich aufgestellten Spielzeuge für große Kinder. Eigentümlich in die Breite gezogene heilige Föhren beherrschen die Hügel, bedecken die Kämme und Flanken der Bluffs und umgeben die niedlichen weißen Häuschen der Europäer. Hellgrün bis oben bepflanzt hoben sich die niederen Bergspitzen empor. Die Gipfel sind meist gleichmäßig abgerundet und gelblich bewachsen. Die Grazie der Linien ist auffallend, jedoch zu weich, um klassisch genannt zu werden. Es war ein eigentümlicher Schmelz über das ganze Bild ausgegossen, und dazu tönte die Sonntagsglocke von der englischen Kirche feierlich über die Bai herüber. Ein Hauch von Frieden lag still über Nagasakis Reede. Wie können in solch paradiesischer Gegend die Menschen sich gegenseitig morden? Papenberg und der letzte Aufstand bewiesen, nebst zahllosen anderen Beispielen, auch hier wiederum, dass der Boden und der ihn bewohnende Mensch nicht immer im Charakter übereinstimmen.

Aber nicht gegen die Europäer war dieser Aufstand gerichtet, sondern im Gegenteil einer Partei zuzuschreiben, welche die Beleidigung durch Korea gegen den Willen der japanischen Regierung mit Krieg rächen wollte. So die meisten Quellen. 1871 war der Daimyo-Herrschaft ein Ende gemacht worden. Diese Adeligen hatten bis dahin innerhalb ihrer Grenzen unumschränkt geherrscht.

Hinter den Kriegsfahrzeugen bemerkten wir die Insel Deshima, die einzige europäische Ansiedlung vor dem Jahre 1855. Davor lagen graziöse Dschunken, überdeckt mit niedlichem Schnitzwerke und durchbrochener Arbeit. Sampans mit Doppelrudern, von sehnigen, gedrungenen Gestalten vorwärts bewegt, Arbeiter mit dicken Strohmänteln und ausgespannten Sonnenschirmen oder tellerförmigen Hütchen aus Korbgeflecht sprangen aus den Kohleschiffen ab und zu. Mit Stroh gedeckte größere Fahrzeuge, deren Steuerruder phantastisch mit Bast umwunden waren, umgaben unseren breiten Dampfer. Unter eintönigen Gesängen, welche eher einem fröhlichen Geschnatter glichen, wurden die Kohlen in winzigen Körbchen zu fünf bis sechs Stück auf den Dampfer gehoben. Daneben stieß die Süßwasserpumpe in der Barke ihre Klagelaute aus. Ein Platzregen folgte dem anderen.

Verkäufer brachten hübsche Schildplattkämme und andere kleine Nippsachen zum Verkaufe. Die Grazie ihrer Bewegungen und die Artigkeit der Antworten nährten verräterisch meinen wissbegierigen, erwartungsvollen Japanerglauben. Sie waren die ersten Eingeborenen, mit welchen ich auf japanischem Boden verkehrte.

Mir schien es öfter wie ein Traum und ich musste mich erst einige Male zurecht finden, um mich davon zu überzeugen, das ich tatsächlich das Ziel erreicht hatte und mich im äußersten Osten Asiens, zehntausend Seemeilen von der Heimat entfernt, befand. Japan, das vielgepriesene Land „des Emporstrebens der Jugendfrische". Wohl denen, die, von Chinas klimatischen Extravaganzen erschöpft, hier einfahren. Sie tun einen Schritt, wie der Wanderer, welcher nach langem Kampfe mit den Mühsalen und der Unwirtlichkeit einer wilden Gebirgsstraße, aus den schroffen Felsen und starren Eismassen des Passes herniedersteigt in ein lachendes Tal. Freilich erwarte ich mir großartigere Bilder als diesen ersten Eindruck, welche uns wohl in der Island Sea bevorstanden, wie in der Gegend von Hiogo. Besonders aber setzte ich meine ganze Hoffnung auf Yokohama, das vielbesprochene, heißersehnte und seine Umgebung.

Die Perspektive, auf den Abbildungen so schwer anzutreffen, verlor sich in gerundetem Hügelwerke. Die Baumpartien im Hintergrunde und die Szenerie des Wasserlebens bildeten ein so innig zusammenhängendes und sich zur Vollkommenheit ergänzendes Bild, dass man, ohne erregt oder erstaunt zu sein, nicht satt wurde zu schauen. In diese Landschaft blickte man, wie in das heitere, liebe Gesicht jenes spielenden, blond gelockten Knaben, der hier neben mir an dem Kajütentische frohlockend seine Suppe verschlang.

Die Beobachtung war, von keinem schwierigen Probleme gestört, leichtfließend und kein Gegenstand hier schwerer zu erfassen, als der andere, weil alles aus einem Gusse, wie Leben von gleichem Lebenspulse getrieben, erschien. Der Vergleich lag nahe, die Bereisung Chinas ein Studium, die Japans eine heitere Lektüre zu nennen.

Nachdem wir nun auf unserer langen Reise so manches Volk tief in Unwissenheit und im Schlamme der Vertierung versunken gesehen hatten, trat die scheinbare Sanftmut und der äußerlich edlere Zug in diesem Volksstamme desto greller hervor. Es fehlte zu meinem Reiseglücke für diesen Moment nichts als nur ein einziger Strahl Sonne, um

das mich Umgebende zu beleuchten, der gerade hier missgünstig versagt war, nachdem ich seine Brüder in den Tropen so oft verwünscht hatte.

Nachdem der Gong geschlagen und das Tiffin eingenommen worden war, machte man Projekte, an Land zu gehen, und das emsige Gespräch sowie die Heiterkeit in allen Gesichtern verkündete die glückliche Einwirkung unserer Lage auf alle Gemüter.

Nagasaki war 1874 von etwa hundert Deutschen bewohnt. Die ganze Stadt hatte nach dem Zensus des Jahres 1872 630.487 Einwohner.

Wir erfuhren weiter, dass der Sommer derselbst sehr heiß sei, jedoch sollen die Nächte auffallend kühl werden, und daher mag das Leben erträglicher sein als an anderen Küstenplätzen. Im Winter ist es kalt, obwohl Nagasaki nur einen Grad nördlicher als Alexandrien liegt. Ein Drittel des Jahres regnet es.

Über den Aufstand wurde ferner berichtet, dass er sich seinem Ende näherte. Hätte man nur noch drei Monate mit dessen Bekämpfung gezögert, so wäre der Krieg im ganzen Lande unausweichlich gewesen. Denn schon seit zwei Jahren glimmten die Funken, welche, jetzt erst aufflammend, wieder erstickt werden mussten.

Die Rebellion lässt sich auf folgende Daten zurückführen: Bereits Baron Hübner sagte im zweiten Bande seiner „Promenade autour du monde" die Möglichkeit dieser Bewegungen voraus und erzählt, dass, laut einer Nachricht vom 29. April 1872, die Reisrationen der „Männer von zwei Schwertern" beinahe aufgehoben seien. Es finden viele den Grund dieser Insurrektion: „nicht in dem Wunsche der Kriegspartei in Korea den Kampf zu eröffnen". Hinter dem Ganzen stecke der seiner Macht beraubte Feudale, der sich in allen Ländern weigert, Hand in Hand mit dem Fortschritte zu gehen.

Die periodischen Nachrichten sind folgende:

Montag, den 19. Februar: Es war die Kommunikation zwischen Kobe (Hiogo) und Nagasaki seit dem 16. Februar unterbrochen. In dem Gefechte bei Saga wurden die Kaiserlichen von den Samurai geschlagen. Das Schloss und einige Plätze in Saga sollen niedergebrannt sein. Der

Kingdove segelte sofort nach Nagasaki ab und passierte die Enge von Shimonoseki.

Der New-York der Pacific Line, für Shanghai bestimmt und der Zadkin waren mit Truppen überfüllt. Der Ram (Fronclad), Azuma-ken (früher Stonewall) und zwei Kriegsschiffe kamen von Yokohama. Der Vizegouverneur von Saga und wenige Truppen brachen sich Bahn nach Mitsumaken zwischen Fukuoka und Kokura. Man erwartete Verstärkung.

In Yeddo sah ich später auf dem Bahnhofe schwarz und gelb gekleidete Constabler mit großen Holzprügeln, da man geglaubt hatte, die Insurgenten würden auf der Eisenbahn nach Yeddo fahren!

Die Adresse des Kaiser vom 20. Februar 1874, datiert „Nishin Shinjishi" an „Shimadzu Hisamitsu Fu Ru" lautete: „Ich fühle ängstlich über die Lage der westlichen Provinzen, unterschätze nicht die loyalen Motive und erwarte euch in Yeddo."

Die drei Parteien in Saga waren: 1. die Seikanto, 2. die Horinto, 3. die Chiusanto. Die ersten wünschten auf Yeddo zu gehen und dann den Krieg gegen Korea zu erzwingen. Die zweiten wollten den Kaiser schützen, aber auch nach Yeddo ziehen, um sein Ministerium zu stürzen. Korea war ihnen Nebensache. Endlich die Dritten bildeten eine Mittelpartei.

Am 23. Februar fand eine Schlacht statt. Die Insurgenten und Imperialisten begegneten sich bei Zankaki zwischen Fukuoka und Saga. Die Kaiserlichen waren 7.000 Mann stark. Man sprach von einem Siege derselben. In Nagasaki standen vier- bis fünfhundert Insurgenten. Alle Vorsichtsmaßregeln waren getroffen. Eine geheimnisvolle Nachricht kam am 24. Februar. Sie lautete: „Die Truppen sind geschlagen." Es war ein Orakelspruch. Man wusste lange nicht, welche Truppen geschlagen waren.

Am 28. Februar fand des Morgens bei Sakaibara wieder ein Engagement statt. Die Gouvernements-Truppen siegten. Der Berg Kubo wurde erstürmt und damit sah man die Sache für beendet an.

Nabeshima Ichimoto wurde gefangen und nebst allen Rädelsführern im März 1874 hingerichtet.

Am 2. März, zwei Uhr Früh, gingen wir von Nagasaki ab. Wir rollten bei der Ausfahrt, wie ich mich aus meinen unruhigen Träumen erinnerte, sehr heftig. Des Morgens überraschte mich eine Serie von anmutigen Bildern. Hier sah man noch gegen Süden die Berge mit den goldenen Gipfeln, welche Nagasaki umgaben, von oben bis an das Meer grün besät. Sonnenblicke fielen schief aus kleinen Seitentälern hervor, schlanke Fischerboote segelten vor den dunklen Felsenhaufen in dem bewegten Meere. Das Ufer lag auf Steinwurfweite entfernt und die ganze Landschaft schien wie von dem Winkel eines Miniaturmalers entworfen.

Ich wollte die leicht hingezauberten Bergformen wieder in einer italienischen Küstenlandschaft suchen oder gar mit Griechenland im Kleinen vergleichen, wäre dieses bewaldet. Den größten Reiz beim Anblicke japanischer Küsten bietet der Wald und nur der Heilighaltung der Föhre verdankt es das Land, wenn seine Berge vor dem Schicksale der griechischen und italienischen Höhenzüge befreit blieben. Schützend trat hier der Kultus auf. Farbtöne in üppiger Mannigfaltigkeit, kräftige abwechslungsvolle Tinten boten viel Gesprächsstoff. Wir fuhren so nahe an der Küste, dass man ganz deutlich die sorgfältig bebauten, hellgrünen Reisfelder unterscheiden konnte. Wohltuende Koloritübergänge in der Ferne fielen mir weiterhin an den belaubten Hügelreihen auf.

Bald dampfte der New-York an der Insel Tossin vorüber. Ihr zunächst lag das Wrack des Schraubendampfers Relief, auch von der Pacific-Linie, welcher etwa sechs Wochen zuvor auf einen Felsen gelaufen war, als er seine Stellung im Nebel verloren hatte. Alles wurde gerettet. Nun ragte der Bug hoch empor, während der Hinterteil des Schiffes im Wasser verborgen lag. Später, auf der Überfahrt nach San Francisco, sprach ich mit einem Passagier, welcher Augenzeuge gewesen war und die Sache wegen des ungestümen Egoismus der Chinesen als sehr bedenklich schilderte. Im Jahre 1873 waren die Prinzen Coburg aus Österreich mit allen anderen First-Cabin-Passagieren gezwungen gewesen, während eines Sturmes an Bord dieses Dampfers bei den Pumpen zu stehen. Das Schiff wurde von jeher als das schlechteste der Gesellschaft gefürchtet und man verschob lieber die Reise um acht Tage, um es zu vermeiden. Jedermann, welcher gezwungen war, mit Zeit und Geld zu geizen, sah es als ein glückliches Ereignis an, dass dieses Schiff nicht mehr zwischen China und Japan lief und zugleich mit so geringen Opfern unbrauchbar geworden war.

Wir gingen zwischen zwei Felsen durch, welche dicht beisammen lagen. Der helle Sonnenschein gestattete dieses Manöver, während man bei Nebel ganz in die See hinausgehen muss, um die gefährlichen Klippen zu vermeiden. Hierauf öffnete sich rechts eine Bucht, in welcher sich eine kleine japanische Segelflottile tummelte. Lange Waldzüge senkten sich schroff zwischen den braunen Klippen abwärts. Bisweilen stach ein ganz kleiner Hügel hellgelb aus den dunklen Lilatönen und tiefgrünen Farben der Abhänge, als angenehmer Kontrast hervor. Aus der Ferne gesehen sind die Konturen der Föhren jenen der Palmenwälder nicht unähnlich, so dass man bei so herrlicher Farbenpracht unwillkürlich an Singapurs Hügelinseln oder an die Einfahrt bei Point de Galle erinnert wurde. Aber durch diese Landschaft wehte ein eisiger Nordwestwind, welcher die Stetigkeit unseres Dampfers bald bedrohen sollte.

Teilnahmslos stand ein jungverheirateter Londoner Doktor neben uns und antwortete, in Fantasien verloren, nur wie im Traume auf unsere neugierigen Fragen über die ihm bekannte Küste. Ein junges Paar auf der Hochzeitsreise, sei es nun von China nach Japan oder von London nach Paris, von Wien nach der Schweiz oder von Petersburg nach Schweden, benimmt sich in der ganzen Welt kosmopolitisch lächerlich, denn halb verlegen und mit zwischen Blässe und Röte wechselnden Wangen verbirgt sich die Braut vor Anderer unheiligen Blicken. Es mag auch für diesen Bräutigam ein hartes Stück Arbeit gewesen sein, die verschämte junge Gattin zur Tafel zu bringen. Sie war die ganze Zeit dem Weinen näher als dem Lachen und konnte sich doch nicht über Mangel an Jahren beklagen!

Nun wusste ich freilich, was ihre Blicke trübte, denn seit frühem Morgen rollten wir so stark, dass der junge Gatte die ganze Bewunderung der Reize seines Weibes aufbieten musste, um bei den Erscheinungen der Seekrankheit nicht den Mut für ein weiteres Zusammenleben mit diesem armen Wesen zu verlieren. Die Seekrankheit ist die ungalanteste Krankheit der Erde, die beste Probe für die Ergebenheit eines treuen Herzens und die größte Feindin der Liebe.

Wir traten nun hinaus in die Straße von Korea und sahen ein russisches Kanonenboot, welches heftig auf den Wellen tanzte und uns mit vollen Segeln entgegenlief. Es war wegen der Rebellion nach Nagasaki bestimmt und hatte einen russischen Prinzen als Offizier an Bord. Später sahen wir noch einen anderen Dampfer in gleicher Richtung aus Hiogo kommen.

In der offenen See wurde das Rollen sehr bedeutend, und die Seekrankheit bemächtigte sich Vieler. Auch ich war nur halb auf den Beinen, schrieb aber mutig vorwärts. Denn die Hoffnung hielt mich diesmal aufrecht, dass wir um vier Uhr nachmittags in ruhigeres Wasser einlaufen sollten. Wir durchkreuzten eine große Bai. Eine ganz isolierte Felseninsel (rechts) war auf der einen Seite mit Arbeiterwohnungen zum Baue eines Leuchtturms besetzt. Fern am Horizont, gegen Westen, erhob sich in offener See der weiße Schaum des heranrollenden Meeres, welches sich an verborgenen Klippen brach.

Unser herzensguter, alter Captain F. unterstützte wie eine Kindsmagd die in der Kabine liegenden, ihm anempfohlenen jungen Amerikanerinnen, und wenn sie nicht gerade dem Leiden erlagen, fütterte er sie mit einem großen Löffel. Sie waren ihm seit Shanghai ans Herz gelegt worden und er sollte sie bis Yokohama bringen. Die Eine war von großer Schönheit, etwa 14 bis 15 Jahre alt und hatte die Herzen der Offiziere schon erobert. Koboldartig sprang sie ja noch gestern in ihrem kleinen Mäntelchen aus langen Wollhaaren umher. Aber heute sah man von all den jungen Schreihälsen nicht einen. „Well you know", sagte der Alte, „these girls are bilious (gallig), eat and drink too much at home. Now this sickness is a very healthy sickness, and they will soon get over, for we will be now in smooth water." War das nicht beinahe Wiener Gemütlichkeit in dem Munde einer Yankee-Teerjacke?

Der Eingang in die Inlandsee kam nun näher. Wir drehten um eine Felseninsel, mit Guano an beiden Seiten, und bemerkten eine Höhle im Steine. Vor uns gegen NO zog sich eine lange Bergreihe hin. Da ich das Tiffin unter besorgniserregenden Gefühlen verlassen hatte, so nahm ich des Doktors Einladung zu einer Tasse Schokolade an, welche ich neben weiß beschäumten, dunkelbraunen Klippen und im Anblicke der hochaufspritzenden Brandung, hinter der Tür seiner Kabine auf Upper Deck bei einer Pfeife Virginia Tobacco froh plaudernd einnahm.

Ein kleines Fischerboot kreuzte unseren Weg. Die Wellen schleuderten es hoch auf in ihrer Erregung und Empörung gegen alles, was ihnen im Wege lag. Auch unser Fahrzeug fiel schwer von einer Seite zur anderen, da der Rückprall des bewegten Wassers zunächst der Küste viel heftigere Wogen erzeugt.

Wir spähten alle gemeinschaftlich nach dem Eingange der Inlandsee, aber es war bis jetzt noch unmöglich, in der Felsenmauer, auf welche wir zusteuerten, irgendeine Deckung zu finden. Neben uns standen noch sehr bleich die Misses aus Shanghai und die junge Doktorsgattin, blass und ermattet von den Kämpfen mit dem groben Wellenschlage.

Die Luft wurde wärmer, denn wir näherten uns rasch dem Lande. Es war halb vier Uhr nachmittags und in einer halben Stunde sollte das Rätsel der Einfahrt gelöst sein. Die Wellenberge wurden kürzer, der New-York schwankte weniger und emsiger klapperten die Paddle Wheels des Schiffes dem Lande zu. Man schaute und bewunderte mit dem Gefühle des Rekonvaleszenten, welcher den Lebensfreuden wieder gegeben ist.

Der Kapitän zeigte uns seine Insel, welche merkwürdig deutlich einem liegenden Löwen ähnlich sah.

Nun folgte für uns ein romantisches, auf einer Insel gelegenes Leuchthaus, einer der damals in Japan bestehenden zwanzig Türme, welcher die japanische Flagge, die weiße Sonne im roten Felde, zum Gruße aufgehisst hatte. Auf derselben Stelle stand ein reizendes kleines Dörfchen, von Nadelbäumen umgeben. Der Blick zur offenen See zurück war wunderbar ergreifend. Vorne lagen noch die dunklen, zerrissenen Felsenmassen der Guanoinsel, in der See reflektierte sich das grelle Gelb der Abendbeleuchtung auf den schwarzen Wogen und die eigentümlichen Töne, welche das verschwindende Gestirn auf den Hintergrund des Bildes legte, schienen mir interessanter zu sein, als das bunte, schreiende Glitzern und Glänzen eines tropischen Sonnenunterganges. Wendeten wir uns der Meerenge von Kiushu, unserem Ziele zu, so kontrastierte dieses Bild voll lieblich bewaldeter Inseln eigentümlich mit der kurz zuvor in großem Bogen verlassenen grollenden

See, welche an den geheimnisvoll beleuchteten Klippen emporleckte. Ein Vorhang hob sich nun von dem anderen ab, und ich fand zu des Kapitäns Freude den Abklatsch eines Stückes seiner Heimat, der Three Sisters oberhalb der Niagarafälle. Wie in einer Serie von Theater-Dekorationen traten wir nun in diese Szenerie ein, welche uns eine bunte Reihe niedlicher Eindrücke vor die Augen führte. Bald lachte uns eine kleine Bai entgegen. Links oben klebte ein Dörfchen mit Holz- und Strohdächern und alles sah wie Kinderspielzeug aus. Fürwahr, in ihrer Art eine vollendete Miniaturlandschaft. Bald zeigte sich auch Hintergrund zu dem Vordergrunde voll rührender Naivität, bei dem glücklicherweise die eingeborene Staffage fehlte.

Das Rollen war zu Ende, die Damen schlichen aus den Kojen und nahmen auf Sesselreihen an der Spitze des Dampfers platz.

Noch war der Kapitän wegen der gefährlichen Klippenpassage zu sehr beschäftigt. Während die Damen mit bewaffnetem Auge, wie im Theater, dieses Wechselspiel beobachteten, standen wir unter dem hoch aufwehenden Sternenbanner und erfreuten uns, bei einer Wendung nach links, der Schar niedlicher, kleiner Waldinseln, welche nun an uns herantraten. Die Enge war vollkommen überbaut von Föhrenwäldchen und der Kanal, in den wir getreten waren, glich einer Flussdurchfahrt. Dieser rasche Wechsel vom großartigen Seestücke zum lieblichen Flussbilde war unbeschreiblich schön, das Auge ruhte nicht, durfte und konnte es nicht, denn die Spanne Zeit war trotz des Halbdampfes zu kurz bemessen. Wie ein buntes Spielzeug wandelten diese Flusspartien, Wäldchen und grünumkränzten Dörfchen an uns vorüber. Über ihnen lagen sinnig die Totengärten. Die Gliederung des Ufers ist dauernd malerisch, denn eine Bucht reicht der anderen die Hand. Ich möchte den Totaleindruck des Landes ein Jubellied der ihrer Schönheit sich erfreuenden Vereinigung von Wasser und Landschaft nennen. Murmelnd plätscherte das stille Meerwasser an den Klippen und ringelte sich in Reihen auf das sanft verlaufende Sandufer empor. Das letzte Lebwohl nach der Seeseite hin zeigte uns noch dunkle Haufenwolken, den lichtgelben Horizont und das schwer bewegte Meer, das selbe, welches uns jetzt so harmlos umspielte, nur von des Dampfers mächtigem Kiele durchschnitten und durch seine Räder in Aufregung gebracht.

Das frische Lachen der wieder gesundeten Damen brachte in die ganze Szenerie einen neuen Reiz, während der alte, liebenswürdige Kapitän, für einige Minuten der Pflichterfüllung enthoben, uns, gleich einem Regisseur, als gewandter Kenner von einer Überraschung in die andere geleitete, bis wir hinter den Kulissen der Natur selbst verschwanden, um neue Bilder aufgedeckt zu schauen.

Wir drehten an einem weiß und schwarz bemalten, dann an einem weißen Signalpfosten[2] nach links zu und traten in die eigentliche Inland Sea, durch die sie von der Straße von Korea trennende Enge von Shimonoseki. Nicht weit von unserem Kurs sah ich einen kleinen Hafen, in welchem unter Dschunken ein niedliches japanisches Kanonenboot vor Anker ruhte. Nachdem der New-York einige Schlangenlinien beschrieben hatte, entfernten sich die Ufer allmählich und es erschien nun eine etwas großartigere Reihenfolge von Bildern in einer breiten Bai nach Art eines Seebeckens. Dort lag denn endlich auch die Stadt Shimonoseki, zunächst der Stelle, an welcher ein Seegefecht zwischen Engländern und Japanern stattgefunden hatte. Eine lange Reihe von Häusern zog sich dahin und das Kabeltelegraphenamt ragte als einziges europäisch aussehendes Haus hervor. Vom Tal herauf wehte Nordbrise. Fähnchen flatterten, am Ufer stiegen Papierdrachen empor, die Leute liefen an den Wasserrand, um unseren Dampfer zu sehen. Der bewaldete Bergrücken über den Ortschaften bildete einen schönen dunklen Hintergrund zu den hell beleuchteten Tempelstiegen, Häuschen und Portalen, welche bis an das Wasser herabreichten oder durch hohe, breite Treppen mit ihm verbunden waren. Alles atmete hier Wohlleben und Genuss, wenigstens von unserem Standpunkte aus. Der Tempel von Shimonoseki auf Nippon hat einen Namen in ganz Japan.

Noch mehr erweiterten sich endlich die Ufer. Der Kapitän verließ wiederum seinen Posten, denn die Schiffahrt war von dieser Stelle ab sicherer, und, nachdem wir noch vor Nachtbruch einen zweiten Leuchtturm, das Gegenstück des ersten, gesehen hatten, stiegen wir, von Eindrücken übersättigt, in den Salon hinab. Ferne Bergkonturen im zweifelhaften Mondlichte begrenzten den Horizont und ruhig glitt das hochbordige Schiff seinem nächsten Ziele (Hiogo) zu.

---

[2] Japan besaß 1874 schon viele Landesmarken und Wassersignale.

Wir gingen nur mit Halbdampf, da die zweite enge Passage von Suwonada wegen der gefährlichen Durchfahrt vor fünf Uhr morgens nicht erreicht werden sollte.

Seit Nagasaki fuhr ein deutscher Doktor mit uns und gehörte der französische Bischof von Yokohama, Mr. P. (ein Jesuit), zu den Passagieren des Dampfers, dann ein amerikanischer Arzt mit seiner japanischen Gattin und etliche andere. Ich erfuhr zu meinem Bedauern, dass mein Freund aus New York, welchen ich im Jahre 1872 bei den Niagarafällen kennengelernt hatte, Dr. G., damals einen Aufenthalt in Japan beabsichtigend, sich nicht in Yeddo niedergelassen hatte und wieder nach Amerika zurückgekehrt war.

Am 3. März wurde ich morgens fünf Uhr geweckt und kam gerade noch rechtzeitig auf Deck, um den Eintritt in die Second Narrow Street, eine neue Inselpassage, mitzumachen. Der Vollmond schien freundlich auf die Seitentäler, Baien und Bergzüge herab, indem er sich in unserem Fahrwasser widerspiegelte. Klar trennten sich die Hügelreihen unter seinem fahlen Lichte von einander ab. Diese Passage ist 27 Seemeilen lang und bildet, wie die erste, eine Art von langem Kanal. Die Sonne war noch nicht aufgegangen, aber schon rötete ihr nahendes Licht die Gipfel. Ein Frühlingshauch durchzog die Landschaft, nur die dürren Bäume neben den immergrünen zeigten, trotz der milden Luft, dass der Winter noch nicht zu Ende war. Höhere Bergzüge erschienen nur in der Ferne, hellgrüne reizende Tälchen mit Hütten bedeckt, in schützende Talmulden gedrückt und Tempelmauern unter hohen, dicht belaubten, immergrünen Bäumen traten hinter Uferv orsprüngen hervor. Daneben standen vor dem regelmäßig bebauten Reisfeldern absonderliche kahle Klippengebilde in einer schwachen und kaum merklichen Brandung. Eine breite Bai folgte. Sie bot sofort wieder einen Blick auf ausgedehnte Termpelgebäude und eine Stadt. Mit diesem Punkte war die zweite Passage zu Ende. Auch hier hatte der Kapitän mit großer Vorsicht Halbdampf gegeben.

Indessen war es wieder kühler geworden. Doch der Tag versprach große Klarheit der Luft. Der Sonneball glühte rot durch die Nebel des Morgens und warf sofort die Landschaft in das bunteste Farbenkleid des Südens. Kleine Wellen spielten um den Kiel des Fahrzeuges. Man konnte sich auf den Genfersee zurückversetzt denken, denn diese Morgenbeleuchtung, diese blaugrüne Wasserfarbe erinnerten mich an einen schönen Aprilmorgen bei Schloss Chillon.

An Bord standen zwei ganz europäisierte Japaner. Der Ältere von ihnen trug den europäischen Rock mit japanischen weiten Ärmeln und die Hose des Inländers, nebst der Pelzmütze der Seeleute. Der Jüngere hatte perennierende Handschuhe an den Händen und glaubte sich schon deshalb auf gleiche Stufe mit uns gestellt. Aber nein! Noch weitere Veränderungen hatte die Zivilisation in diesem aufstrebenden Jüngling hervorgebracht, denn auch Regenschirm und Stiefel zierten das malerische Kostüm, bei welchem bloß die Kopfbedeckung fehlte, die wahrscheinlich im Drange der erwachenden Kultur vergessen worden war.

Bis gegen acht Uhr verstellten uns zahllose Inseln noch immer die Aussicht auf die sich weit zurückziehenden Berglinien der Insel Shiko, nachdem die der Nordküste von Kiushu[3] verschwunden waren. Gegen Süden bemerkte ich später Schnee auf diesen Bergkanten, welche sich in vielen bläulichen Zügen bis zu einer Höhe von 4000 Schuh erheben. Ihr Fuß badete sich im Morgendufte, während die weißen Schneeadern sich zart vom Lichtblau des reinen Äthers abtrennten. Stundenlang verließ uns dieser feingegliederte, breite Gebirgsrücken mit seinen ziemlich eintönigen Konturen nicht mehr. Eine weitere und dritte Inselpassage übertraf an niedlicher Koketterie die beiden vorhergehenden. Das Herz war übervoll von dem Sonnenglanze und den weichen Farbeffekten dieser lichtdurchwärmten Landschaft, bis endlich, nach dreieinhalbstündigem Schauen der Magen auch seinerseits über die Gongschläge zum Frühstück entzückt war, und doppelt lieblich erschien uns nun die weiß bedeckten Tische neben der hellen Holzeinrichtung der reinlichen Kajüte unter ihrem in Amerika so beliebten Blumengarten von künstlichen Bouquets.

Nachher begann die Sonne zu stechen. Das Klima, um so viel milder als im Norden Chinas, begünstigt schon im März die Vegetation. Der Win-

---

[3] Japan besteht aus den großen Inseln Nippon (deutsch: Ostreich), Kiushu, Shiko, Shizuka und über 3000 Inselchen, hat 402799 Quadratkilometer Flächeninhalt und hieß im Mittelalter Zipangu. Die Kurilen wurden am 22. August 1875 an Russland abgetreten.

ter soll hier kalte, aber reine Tage und nur der März und April viel Feuchtigkeit mit sich bringen. Klar beleuchtet gruppierte sich ein plauderndes Passagiervölkchen um die Stühle auf dem Hinterdeck zunächst dem Smoking Room aber bei dem Kessel, wo es warm war und unter dem stolz ab und zu wankenden Beam. Wie ändert sich die Lage des Reisenden von Tag zu Tag! Denn 24 Stunden zuvor waren wir längs der Nordwestküste von Kiushu in der Straße von Korea herumgeschleudert worden.

Der Lichtreflex von der leicht gekräuselten See wurde den Augen nun lästig, und es machte sich sogar die Sehnsucht nach einem Sonnenzelte geltend. Der Dampfer war aber im Winter dafür nicht vorbereitet. Bot ja schon der hohe Aufbau dieses zweistöckigen schwimmenden Hauses mit seinen drei Verdecken dem Luftstrome, welchen die rasche Bewegung erzeugte, zu viel Widerstand.

Ein weiterer Blick führte mich in der Erinnerung an den hügeligen Vordergrund des Zürichsees, etwa zu den grünen Geländen bei Richterswyl oder Horgen. Abermals erschien ein weißer Leuchtturm auf schwarzen Felsen als vertrauenerweckender Freund und wohl zum fünften Male, seit wir uns in der Inlandsee befanden, versperrten uns Inseln den Weg. Es folgte eine Reihe von Gebirgsseen ähnlichen Wasserbecken, in Farbe und Zeichnung, freilich in verkleinertem Maßstabe, an die oberitalienischen Seen erinnernd. Weiße Segel, größere und kleinere, über reinlichen Holzbooten ausgespannt, tauchten auf und verschwanden wieder. Die Buchten, Vorgebirge und Inseln dieser lieblichen Landschaft wechselten ohne Ende miteinander ab. Kalter Nordwind erhob sich, gestattete das Stehen in der Sonne und blies empfindlich durch die Kleider. Wechsel der Szenerie, Wechsel der Beleuchtung, Wolkentürme und eine Serie von Eindrücken aller Art waren bis Mittag in ununterbrochener Folge an uns vorübergezogen.

Ich musste mich zwingen, das Notizbuch in der Kabine zu lassen, um nicht Vielschreiberei zu treiben. Trotzdem zog es mich immer wieder hinab, um die Eindrücke aus diesem Schmuckkästchen der Natur festzuhalten.

Gewöhnlich sind solche Halbmeere (Binnenmeere oder Inland Seas), wenn von Gebirgen begrenzt, schöner, als die Küsten des eigentlichen

Meeres, wo die Kraft der Brandung zu regelmäßige, starre und unmotivierte Linien im Vordergrunde hervorruft. Man sehe nur in Europa den Unterschied zwischen einem Golfe und den Uferlandschaften bei der Brandung an. Letztere erscheinen meist entweder durch lange, gelbe Sanddünen oder eigentümlich unschön geformte, zu schroffen Klippen entstellt. Unter kleinlichem Parteigeiste litten diese Eilande. Denn dort im Süden war Krieg, wo der Friede aus allen Buchten und Tälern lachte, wo segnend die milder wirkende Sonne üppige Nutzpflanzen aus beiden Hemisphären sprießen ließ.

Eine Bewegung auf Deck erklärte man mir durch den Anblick eines jugendlichen Walfisches, der seinen Springquell hoch emporgehoben haben soll. Leider kam ich zu spät, um ihn noch zu sehen. Dagegen hatte ich im Jahre 1872 an Bord des Cunard-Line-Steamers Russia, ein Tag hinter Sanyhook bei New York, ausgewachsene Walfische gesehen.

Der deutsche Arzt, Lehrer an der medizinischen Schule zu Yeddo, sprach zu unserem Erstaunen so verbittert von der Falschheit der Japaner, so sicher von ihrer Unfähigkeit, Europas Einfluss zu ihrem eigenen Nutzen anzuwenden, dass ich im Anfange glaubte, einen Schwarzseher vor mir zu haben.

Er lehrte uns einige notwendige japanische Worte, „denn man muss sich nicht dem glauben hingeben", setzte er hinzu, „mit dem Englischen oder Pidgin-Dialekte, wie in Chinas Küstenplätzen, durchzukommen. Nur wenige ganz europäisch gebildete Japaner reden die Sprache." Ich sollte mich bald an derlei verbitterte Japanophoben gewöhnen. Sie fanden sich zahlreich und zuletzt konnte ich ihnen nicht mehr so Unrecht geben.

„Wenn man Europa über Japan nur die Augen öffnen wollte, die durch die übertriebenen Schilderungen so sehr getrübt sind!" meinte später ein Deutscher. Es ist eigentümlich, der an ein Land gebundene sieht es stets durch graue Brillen an. Auch mit dem Bischof von Yokohama, einem durch die Fotografie vom Konzil zu Rom (1870) wohlbekannten Kopfe, führte ich ein längeres Gespräch. Die aalartige Gewandtheit dieses französischen Jesuiten stimmte schlecht zu dem starren Blicke unter den buschigen Brauen und dem schwarzgelockten Haupte, welches ihm das Ansehen eines Brigantenchefs verlieh.

Er wies auf das Archiv der englischen Gesandtschaft als Quelle vieler Arbeiten über Japan hin. Wohl musste manche Stelle über die Jesuiten ihm missfallen haben, wohl mag das englische Archiv auch vieles enthalten, was den Jesuiten ein Dorn im Auge sein muss. War doch einst in Japan nur die christliche Lehre untersagt, weil die Missionare sich stets in Politik mischten und sonst jeder Religionskultus erlaubt.

Hiogo (Kobe), Ausflug nach Osaka

Während dieser Zeit traten wir in die letzte Enge und, als wir sie passiert hatten, in die Osakabai, in welcher man rechts die Ausfahrt nach Süden und in den Kuro Shiwo oder „schwarzen Strom", zur Linken gegen Norden eigentümlich geformte Berge erblickte. Einer der Bergzüge könnte seinem Aussehen nach der Mont Bully zwischen dem Neuchateler- und Moratsee sein. Viele Segel traten uns entgegen, ein Leuchthaus nebst einem Fort tauchte auf. Da lag Hiogo mit seinen netten, weißen Holzhäusern und Galerien und daneben die japanische Stadt Kobe mit ihrem Mastenwalde und Häuserknäuel, Hafenleben und Föhrenhainen.[4]

Ein Kanonenschuss fiel auf dem New-York. Sofort eilten kleine Boote unserer Ankerstelle zu. Privathausboote zogen gemütlich heran und bargen unter ihren Dächern begrüßende Freunde. Oberhalb der letzten Gärten der Stadt stieg mächtiger Rauch auf. Eine dürre Graswand brannte hell. Der Bischof und sein Sekretär verließen das Schiff, um die Ausstellung in Kioto zu besuchen. Andere breitkrempige Jesuitenhüte wurden zum Empfange gelüftet, als der die Diözese bereisende Apostel, welchen unser Kapitän sehr ehrerbietig grüßte, den Dampfer verließ.

Was wir in den Straßen sahen, war origineller als in Nagasaki, und die Kostüme waren hier besser erhalten, als wir späterhin in anderen Plätzen fanden. Das war ein Schnurren und Surren, Rennen und Schwatzen

---

[4] Kobe oder Hiogo (seit 1868 den Fremden geöffnet) hatte 1874 eine Ausfuhr von 4,957 Millionen Dollars, eine Einfuhr von 6,08 Millionen Dollars und 50.000 Einwohner.

in den schmalen Straßen, und von allen Seiten hörte man das Klappern des Schuhbrettchen an den Füßen, die wir scherzweise den japanischen Kothurn nannten, weil sie die kleinen Gestalten zugleich um zwei bis vier Zoll größer erscheinen ließen. An der großen Zehe festgemacht und auf zwei senkrecht gestellten hölzernen dreieckigen Stützen ruhend, ist diese Fußbekleidung besonders gegen den Kot gut zu verwenden.

Weit aufgebauschte, den neuesten Pariser Damen-Tournüren ähnliche Apparate machten den Weibergang lächerlich. Hier schoss eine Jin-Riksha mit zwei kichernden Mädchen vorüber, dort fiel eine frohe Karawane von Kindern lachend über einen großen Hund. Im Bazar endlich war das Treiben noch wirrer und anregender. Verkäufer aller Art kauerten in den niedlichen Buden auf Strohmatten und wärmten sich an Glutgefäßen die Fingerspitzen. Bei dem Eingange standen die Schuhe aller Insassen und leichte blaue Wölkchen der Raucher dampften aus den Verkaufsräumen.

Als wir die Masse von lachenden Weibern und kreischenden Kindern, die niederen Häuser, die Tempelpforten und Fahnenstangen hinter uns gelassen hatten, traf uns auf unserem wunderlichen Wege plötzlich ein Lichtstrahl der europäischen Zivilisation. Es war die eben vollendete, aber noch nicht eröffnete Bahn nach Osaka. Das Wort „Eisenbahn" war neuerdings erst ins Japanische übertragen worden. Man bezeichnete diesen Begriff mit „Tetsudo".

Ich staunte über die geringe Zahl von Verkäufern, welche der englischen Sprache mächtig waren. Die Inschriften fand ich aber häufig in europäischen Worten dargestellt. „Curious Stores" waren überall zu finden. Wenn man eintrat, blieb man unverstanden.

Nicht lange vorher hatte der Mikado (Tenno) ein Edikt erlassen, nach welchem die Nation „die Haare europäisch geschoren zu tragen habe!" Es war dies der erste missliebige Zug, den ich in Neu-Japan entdeckte, die erste Beobachtung, welche mich den Anschauungen des Nagasaki-Doktors näher brachte.

Wer sich die Haare laut Befehl schor, hatte jedoch nicht immer die Mittel, sich dabei auch europäisch zu kleiden. So sah man denn unseren steirischen nicht unähnliche Lobbia-Hüte mit eingedrückter Spitze über dem traditionellen Alltagsschmucke des Eingeborenen thronen. Im Scherze gaben wir dem Schöpfer obiger Idee den Namen „Herr der Haarscheeren" (statt Heerscharen). Die europäische Kultur beleckte sie äußerlich. Sie wird aber nicht früher eindringen, als bis der fehlende technische Sinn des Japaners geweckt ist. Denn gerade die Unreife auf diesem Gebiete, welches das große Reich des geflügelten Fortschritts in Europa bildet, lässt das Bestreben dieser Neophyten abendländischer Kultur in ungünstigem Lichte erscheinen. Darum sind sie bisher nur ängstliche Detailhascher geblieben.

Zur letzten Neujahrs-Gratulation, erzählte man uns schon in China, hatte dieser Herrscher schwarze Fräcke und Zylinderhüte als unerlässliche Hofetikette anbefohlen. Diese Hüte wurden oft mit zwanzig Dollar bezahlt, da man sie aus Shanghai kommen ließ, und selbst in Yokohama, nachdem von diesem Artikel alles aufgekauft war, suchten die Kaufleute aus künstlichen Surrogaten großen Vorteil zu ziehen, da sie dieselben aus Pappe anfertigten und Plüsche darüber zogen. Es ist wahr, was man oft einwendet: Der Japaner, wäre er nicht von Natur falsch, müsste es durch die Europäer werden, die ihn betrügen und ausnutzen, soviel sie können. Ich erwähne hierbei natürlich nicht die Ausnahmen, die „weißen Raben" unter dieser Schar gewinnsüchtiger Raubvögel, die nichts unversucht lassen, was Geld mit sich bringt.

Der Lärm in den Straßen war kaum geringer als in China, aber die Reinlichkeit schien erträglicher. Unser deutscher Astronom in Shanghai hatte zwar Recht, wenn er in vielen Punkten die Chinesen höher stellte, aber sie „malerischer kostümiert" zu nennen als die Japaner, dazu gehörte eine fixe Idee zugunsten der Zopfträger.

Ehe wir an Bord gingen, sprachen wir mit dem Kapitän eines der Osakadampfer, welcher uns erzählte, dass jüngst ein Erdbeben verspürt worden war. Reizende Abendbeleuchtung begrüßte uns. Des Dampfers Rauch erschien lila, gelbrote Tinten lagen auf den Bergen und glitzerten gleich Schlangen in dem leicht gekräuselten Wasser, bis der Vollmond auf seinen Posten trat und eine lange Lichtsäule in die Bai warf. Das Feuer über der Stadt glimmte noch an der Bergkante und es war zu fürchten, dass das ganze Hügelland ein Raub der Flammen werde, wenn der Wind sich drehen würde.

Der Lärm auf den gedeckten Ladeschiffen und in den Booten, das Pusten eines von Osaka heimkehrenden Schraubendampfers belebte die Szenerie, während im Schiffsraume die Ausländer schrien, die aufgehissten Waren beim Niederfallen auf den Boden polterten und die Deckchinesen in ihrem langweiligen Idiome gurgelten und sangen. Die kühle, klare Nacht hielt uns lange auf Deck. Die Flut trieb mit starker Strömung herein und bewegte die großen Segler, schüttelte die Sampans, dass sie auf- und abhüpften und wiegte die plumpen Bojen, deren Ketten an den Schiffskörpern knirschten.

Soll ich von dem Totaleindrucke reden, welchen mir diese – für mich die erste – japanische Stadt machte, so muss ich gestehen, dass er ein flacher war. Besonders die Häuser boten wenig Abwechslung. Sie waren selten einstöckig und glichen eher Jahrmarktsbuden. Freilich meist reinlich gehalten, sehen sie desto unmalerischer aus, wie auch die Typen der Insassen sich noch mehr auf gewisse Muster zurückführen ließen als in China. Mit einem Worte, trotz des Reizes im Neuen, fand ich dennoch – und das erschreckte mich – in Stadt und Volk eine traurige Monotonie, die sich wohl bisher keineswegs auf die Landschaften erstreckt hatte. Friedlich neugierig und kindlich froh wandelte das anspruchslose Volk vorbei. Es tat für den Augenblick wohl, treuherzige Gesichter und Fröhlichkeit zu sehen. Aber sollte ich bloß nach dem bisher mir Gebotenen über die Leute urteilen, so staunte ich, wie man jemals das japanische Volk für reif erklären konnte, wenn man überhaupt unter Volk den Arbeiter versteht, und das tut der Beobachter, indem er diesen Stand den „Kern der Nationen" nennt.

„Kein Zweifel", sagt ein Schriftsteller, „dass der Japaner durch die überstürzte Annahme europäischer Formen an ihrer Fortentwicklung Schaden leidet. Freilich mag auch oft der Grund solcher Urteile darin liegen, dass der Japaner in vielen Fällen durch seine Schlauheit den europäischen Kaufmann überlistet. Jedenfalls wird der, durch europäische und amerikanische Berichte in ein Stadium der Bewunderung für alles Japanische künstlich versetzte Tourist, bei dem Anblicke des Volkes in seiner Heimat und mit seinen uralten Gewohnheiten arg enttäuscht." Auch wir fanden gar bald, dass jene Wiener-Ausstellungs-

Püppchen mit dem eigentlichen Japaner, wenigstens auf europäischem Boden, wenig gemein hatten. Der Atem stockte den armen Untertanen, als der so fortschrittlich gesinnte Tenno ein Gesetz nach dem anderen zur gewaltsamen Europäisierung seines Volkes erließ, aus Kioto nach Tokio übersiedelte und seine heilige Person auf den Straßen sehen ließ. Bis 1874 baute man Eisenbahnen von zehn bis fünfzehn englischen Meilen Länge, aber Straßen gab es keine. Der Telegraph war bis Yeddo geführt, aber die darunter Wandelnden verstanden nichts von dieser Erfindung. In Osaka arbeitete eine Münze, welche mit europäischen (englischen und französischen) Maschinen unter europäischer Leitung recht hübsche Münzen zu Tage förderte. 1875 wurde ein neuer japanischer Dollar geschaffen, aber der Rio kostete 1874 noch mehr als er wert war! Er wird nun auf viereinhalb Mark geschätzt. Der amerikanische Trade-Dollar gilt 4,12 Mark und heißt „Jen". Englische und französische Maschinen arbeiten in Osaka, aber das Papiergeld wird in Amerika gemacht!

Es gibt zahlreiche Beispiele für die Unfähigkeit des japanischen Volkes gegenüber europäischem Einflusse, deren auffälligstes der Umstand bietet, dass das ganze von Europäern importierte Kleinhandwerk in Japan von eingewanderten Chinesen betrieben wird.

Freilich gab es unter den Verfügungen des Tenno so manche heilsame, wie die Gesetze gegen die öffentlichen Bäder und das Zölibat.

Wenn man dagegen wieder die unvollkommene Agrikultur, das schlechte Militärwesen, den Mangel an Viehzucht und die Unerfahrenheit japanischer Ingenieure betrachtet, so kann man – wie ein anderer Schriftsteller so zutreffend äußert – Japan nur mit einem Hause vergleichen, welches in den oberen Stockwerken prächtig restauriert wird, während man sich um die Grundfesten der Kultur, die Fundamente, nicht kümmert. Ebenso hat das Eingreifen in das soziale Leben und die traditionelle Kastenteilung durch Überstürzung mehr Unzufriedene als Glückliche gemacht. Selbst der Bankenschwindel hat so manches Opfer verlangt, wobei das blinde Vertrauen auf die Unfehlbarkeit der Europäer recht bitter getäuscht wurde.

„Du armes Volk! Mit den Eisenbahnschienen kamen hohe, drückende Steuern, mit den Telegraphenstangen Monopole, mit den Banknoten die Taxen und Stempel und mit den Hinterladern schlich sich die allgemeine Wehrpflicht ein." Europas Armeen kosten jährlich 5.000 Millionen Mark. Solche Zahlen sollten eher abschrecken, als zur Nachahmung Europas und seiner Staatsschulden aneifern.

Neben uns, auf der Reede, lag der Dreimaster Fiery Cross, einst der schnellste Teesegler, welcher durch drei Jahre jedes Mal den großen Preis von Shanghai um das Kap der Guten Hoffnung nach London gewonnen hatte. Auch er war seit Eröffnung des Suezkanals ein überwundener Standpunkt geworden.

Hoch über Hiogo liegt der Tempel des Mondes. Er war uns zu Ehren von seinem Protektor schön und hell beschienen.

Fröhlich plätscherte am 4. März das Wasser in der Morgenbrise. Der Sonnenschein fiel schon um sieben Uhr Früh hell in meine nette, weiß angestrichene Kabine. Ich war so fröhlich. Warum musste es gerade der Zufall wollen, dass mein Blick auf die „Regulations" an der Wand fiel, die im Arktikel 10 sagen, dass im Falle von Gefahr „any unneccessary excitement or confusion" nur würde „serve to increase the danger" und „any attempft to take possession of the boats will be at the peril of those making it". Recht trostreich! Besonders, da die gleiche Linie uns drei Wochen lang über den stillen Ozean nach Amerika bringen sollte, wenn wir, japanmüde, nach dem Goldlande Kalifornien eilen wollten. Mr. Arbuthnot folgte dem jungen Paare zum Tempel des Mondes, dann die vier englischen Globetrotter, welche abends ausrechneten, wie viele „Rubbers" im Whistspiele sie bereits auf der indischen Bahn und zu „Point de Galle" hinter sich gebracht hatten, endlich Shaffner, Blaas und ich wendeten uns dem Städtchen zu.

Wir fuhren mit dem Dampfer Ho-Yen quer über die Bai von Osaka. Nach einer guten Stunde begann die River-Passage im dem Yodo Kawa, zwischen regem Flussleben. Während das nahe gelegene Kioto, das japanische Versailles, nur wegen der Tempel, der Ruinen und der Landschaft anziehend ist, bildet Osaka, als modernes Städtebild mit seinen 3.500 Brücken und den vielen Kanälen ein interessantes Objekt für den Touristen. Auch der Biwasee bei Kioto wird jetzt von vielen kleinen Dampfern befahren.

Wir passierten die Batterie von Temposan, sahen die Zauberinsel Awadsi und Osaka, eine der fünf Kaiserstädte, lag vor uns.

Osaka das „Venedig des Ostens" zu nennen, ist wohl eine der lächerlichsten Ironien. Freilich hat die Stadt Brücken und Kanäle aufzuweisen, aber jene sind aus Holz gebaut und diese weder von Gondeln durchzogen, noch von den Palästen umsäumt. Ein monotones Volk wandelt zwischen den budenartigen Häusern, und der unabsehbare Jahrmarkt könnte viel eher mit einem Pusztadorfe als mit der Königin der Adria sich messen. Es hat 271.992 Einwohner.

Auf Kioto wollte ich später zurückkommen. Es lockte mich jetzt nicht, die Ausstellung war noch nicht eröffnet, und das Projekt wurde verschoben.

Die beiden Föhrengattungen Segni und Matsu krönen in trostloser Einförmigkeit die langgestreckten Hügelreihen von Hiogo bis Osaka und weiterhin bis Kioto.

Nach dem Anlanden handelte es sich vor Allem, dieses kantonartige Flusstreiben mit seinen Einblicken in die in unverschämter Weise öffentlich benutzten Badestuben zu notieren und sodann einen Besichtigungsplan zu beschließen. Diesen diktierte sofort unser Magen. Jedoch stolz verschmähten wir das europäische Hotel, um ein japanisches Gasthaus aufzusuchen und traten den Weg dorthin zu Fuß an. Neugierige hatten uns schon auf der Fahrt umstanden und die sogenannten „japanischen Schönheiten" schnäuzten sich dabei eifrig in ihre buntfarbenen, kleinen Papierchen, welche sie zu Dutzenden als Taschentücher mit sich führten. Ich finde einen solchen Vorrat von Papierchen, da jedes nur für einmalige Verwendung bestimmt ist, vom Standpunkte der Reinlichkeit, auf welche der Japaner, man muss es gestehen, viel hält, geratener als unsere europäischen, hochzivilisierten Taschentücher mit gestickten Monogrammen. Des Malers Attentaten mit dem Skizzenbuche und dem Blei entzogen sich die Koketten an Bord unter Kichern und drehenden Bewegungen. Die Taschenpapierchen hatten alsbald, nach einer halben Stunde, den Boden ganz überdeckt, und dieses System des Wegwerfens nach der einzelnen Operation diente zugleich zur Ausschmückung des Raumes in würdiger Weise. Aus

einigen Buden tönten Tam-Tams und Shamisen (Lauten) der Geisha mädchen (Tänzerinnen), während wir unser Ziel verfolgten, das wir nach einigem Suchen erst mit Hilfe des nachkommenden Kapitäns erreichten.

Das japanische Hotel stand an der Wasserseite und besaß nette, leider nur zu europäisch eingerichtete Essräume, Schlafzimmer und einen kleinen Hof mit Teich, wie ein Garten gehalten. Leider war es mir nicht vergönnt, in diesen luxuriös ausgestatteten Räumen aufrecht zu stehen. Ich hätte sonst den hübschen Tapeten-Plafonds arge Wunden beigebracht.

Ein prachtvoller schwarzer Hund mit zottigem Felle lag vor der Tür, während draußen zwar nicht unsere Rosse stampften, wohl aber die in Japan billigeren „Zugmenschen" (ninsogos) sich um den erwarteten Lohn zankten und mit ihren buntlackierten Jin-Rikschas, welche auch hier erst seit weinigen Jahren eingeführt waren, der Laune des Touristen gehorchend, warteten. Sie kosteten per Stück für drei Stunden, wovon zweieinhalb tüchtigen Laufens, die unerschwingliche Summe von 1/2 Dollar, 1 Bou, 50 Cents oder 1 fl. Ö. M.

Dem schwereren Reisefreunde und dem dicken Amerikaner wurden je zwei starke Männer vorgespannt, der erste am Strick, der zweite an der Gabel, da kein Einzelner sich herbeilassen wollte, sie zu ziehen. Nachdem uns das unnötige Geschrei zu lang und die Geduld zu kurz geworden war, bildete sich eine kleine Karawane und im raschen Tempo, im tollsten Dauerlaufe, ging es in Brücken auf, Brücken ab, an zahllosen, mit europäischen Artikeln vollgepfropften Trödelbuden, unter fehlerhaften englischen Inschriften vorüber, bis mir die Ohren gellten und die Knie von der zusammengekauerten Stellung Schmerzen verursachten, denn die Jin-Rikschas sind auf Menschen unter fünf Fuß Länge berechnet.

Manche Brücken waren so steil, dass man Hilfe brauchte oder aussteigen musste, damit der Ninsogo sein Wägelchen hinaufschleppen könne. Abwärts ging es natürlich unter Geschrei im schnellsten Laufe. Ohne Ende brüllten sie „Hay hey hey hajehhh" oder „Hau hau hau haueh" oder „Heiheiheiheioah". Beim Anhalten bedienten sie sich des

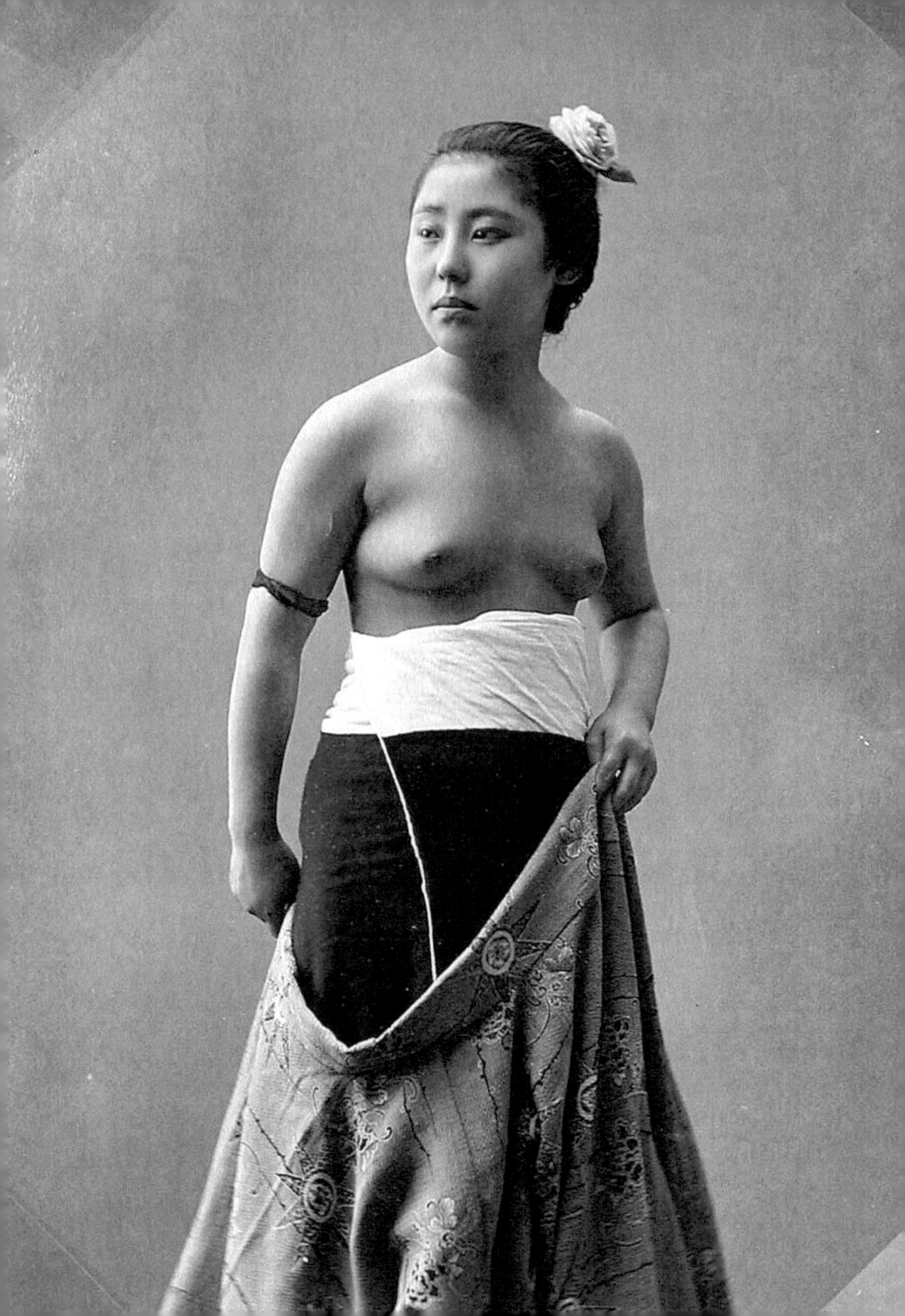

englischen „stop", indem sie „Stoppa stoppöh" daraus machten. Doch spritzte der Kot in den nassen, regelmäßigen und ziemlich breiten Straßen. Bei den Rinnsalen aus Stein standen ausweichend Jungfrauen und Weiber und lachten uns blöd an. Auf ihren hohen Brettschuhen wackelten sie durch die Straßen und der Gang hatte etwas so Drolliges, dass man sich erst gewöhnen musste, um nicht jeder dieser Figuren ins Gesicht zu lachen. Hier nun sah ich auch die Folge einer schrecklichen Mode der Verheirateten, sich die Zähne schwarz zu beizen. Zwar ist die zugrunde liegende Idee sehr schön, das ist, keinem anderen mehr gefallen zu wollen als dem Gatten, aber ich frage mich, ob in diesem Falle der Gatte auch noch sehr viel Geschmack an seiner treuen Genossin finden könne, wenn sie sich entstellt, und Tatsachen haben bewiesen, dass trotzdem die Moralität der Ehefrauen keine große ist. Also schwarze Zähne und doch nicht treu! Aus der Ferne sieht der Mund aus wie ein offenes Löwenmaul, da man die Zähne nicht unterscheiden kann. Das äußere Zeichen entstellt und der Zweck ist doch verfehlt. Auch die Augenbrauen rupfen sich Ehe-Fanatikerinnen aus. Dafür ist das Weib in Japan auch geachteter als in China.

Bei einigen Männern bemerkte ich Römertogas. Auch die Karren erinnerten an Alt-Italien, denn ihre Räder bestanden aus Holzstamm-Durchschnitten, durch welche die Achse kunstlos gesteckt war. Viele Häupter trugen eine Art von Zipfelmützen und ein restauriertes Pompeji dürfte manche Ähnlichkeiten in diesen Straßen finden, wenn auch antike Begriffe von Geschmack hier gänzlich fehlten.

Wir sahen auch Reihen von Männern mit Lastpferden. Diese schritten ganz lautlos daher, da ihre Hufe in Strohschuhe gewickelt waren. Ferner sahen wir Soldaten in europäischer Uniform, jedoch mit breiten Strohhüten auf den Rücken, das Haupt frei. Auf vielen Dächern, die meist – besonders auf dem Lande – mit Stroh gedeckt sind, sieht man Schwertlilien als Dachkamm-Verzierung.

Endlich hielten wir vor einer großen Bude an, wo allerlei Volk neugierig versammelt stand. Ein enger Eingang diente als Passage, welche sich in Irrgängen fortsetzte. Das alles im Miniaturstil. Die mit bunten Zetteln beklebte und mit Fahnen und allerlei Firlefanz aufgeputzte Riesenhütte schien mir größer als gewöhnliche, dem öffentlichen Vergnügen geweihte Häuser. Große Lampions hingen für die Nacht bereit.

Hinter einer Hecke von blühenden Bäumen und nachgemachten Blumen traten mehrere Männer ein großes Rad, welches durch seine Umdrehungen viele mechanische Gruppen in Bewegung setzte, zwischen denen wir rasch durchgingen. Man hatte jedoch zum Schutze des Eigentums den Durchgangsweg so schmal gemacht, dass man nur nach der Seite vorwärts kommen konnte. Das grausamste Erpressungssystem konnte allein diesen Marterweg durch ein solches Schaulabyrinth ersinnen, und diese Lendenfolter war begleitet von jeweiliger graziöser Handbewegung, mit welcher japanisch beschriebene und mit Bildern geschmückte Zettel überreicht wurden, sowie von dem gewöhnlichen Trinkgeldschauer, wie er ganz Asien und Afrika beherrscht. Das alte Weib kam, wie in der ganzen Welt, so auch hier sehr schlecht weg, denn es trat in hexenartigen Fratzen dem Beschauer als Giftmischerin, Kupplerin und Hehlerin in allen Größen entgegen, da die Gruppen meist Sensationsereignisse und Kriminalfälle behandelten. Die geschnitzten Figuren waren trefflich gearbeitet und die Freude des Volkes darüber schien redlich und kindlich.

Mit den Karikaturen wechselten aber auch anständig gehaltene, ernstere Mechanismen ab, wie: Aufblühende Blumen, singende Vögel, fließendes Wasser. Zuletzt geleitete man uns, als Gegenstand allgemeiner Neugierde, in ein höher gelegenes Zimmer, welches, in volle Dunkelheit gehüllt, nur mehr wenig Platzt gewährte, denn schon harrte eine dichtgedrängte Menge des kommenden Dramas. Hier hörte man ein Flüstern wie in einer Kirche, erwartungsvolles Aufseufzen, das leise Knarren des Tretrades und das gedämpfte Summen des ruhelosen Straßenlebens.

Ein Mann trat nun vor den dunklen Vorhang und sang mit dem größten Pathos ein herzerschütterndes Lied, das jedoch, unsere Mundwinkel elektrisierend, schwer zu verbergende Lachbewegungen hervorrief. Es klang etwa so: „Wuinja wouidi wuidjihh, wuinja, na nosogo", jedes Mal das dritte Wort gepresst und mit hoch hinauf in die Fistel getriebener Stimme vorgetragen. Er hatte eine kleine Mandoline (Biwa) und griff dabei ohne System in die Saiten. Als er sein Lied, das Stein erweichen, Menschen rasend machen kann, noch nicht ganz beendet hatte, wurde schon der Vorhang aufgezogen, und das anziehende „lebende Bild" stellte eine Enthauptungsgruppe dar. Im Hintergrunde erklangen

Hammerschläge und tönte die Stadttrommel auf einem Brette. Lange konnte ich nicht unterscheiden, welcher Teil des Bildes Puppe, und welcher lebendig sei. Der Sänger aber hockte sich, nachdem der Vorhang gehoben war, rasch sein Lied unterbrechend, in drastischer Stellung zur Vervollständigung an die Gruppe hin.

Nun traten wir wieder ins Freie, und wahrlich, der Geruchssinn war nicht der letzte, der es sich wünschte. Wir bestiegen wiederum unsere leichten Wägelchen, und die zweibeinigen Rosse stampften schnaubend über Kieselflächen, sprangen unbarmherzig durch Löcher im Straßenkot, aus denen die feinen, biegsamen Räder immer wieder elastisch ausschnellten, und so fanden wir uns endlich in der Richtung einer entfernten Vorstadt, wo wir dem gellenden Straßengeheule entgingen. Bei starker Steigung, welche uns zuletzt die Wagen zu verlassen zwang, langten wir auf einer Hügelreihe an, wo sich um eine Five Storied Pagoda ein anregendes Bild des Volksgetümmels bot. Wir sahen hier japanische Fos pitchen. Zerfetzte Fahnen bedeuteten Feststimmung. Der Tempel heißt Tonagje.

Wir genossen die Aussicht über das Häusermeer der Stadt bis zu den Masten im Flusse und weit hinaus zu den bei Hiogo sichtbaren Höhenzügen gegen WNW. Zu unseren Füßen lag ein steiler Abhang, bedeckt mit gut kultivierten Gemüsegärten und Reisfeldern im frischesten Grün, die uns von den letzten Hütten trennten. Vor einer Götterbude klingelten und polterten unausgesetzt die Geldopfer und kollerten Reislibationen, etliche Handvoll als Opfer gebracht, in den von heimtückischen Bonzenaugen überwachten Opferkasten. Die kleinen durchlöcherten Tempos [5] wurden an anderen Stellen mit geschickter Handbewegung unmittelbar vor das Götterbild hingeworfen, und ich sah oft lebendige Beispiele zur Erzählung von der „Witwe und dem Schärflein" aus der Bibel. Die vor dem zufrieden lächelnden Gesichte des Gottes aufgehäuften Scheidemünzen mussten von Zeit zu Zeit, wenn die Masse zu groß wurde, von einem Priester mit dem Besen zusammengekehrt werden. Hier herrschte mehr Buntheit und Heiterkeit als in den öden chinesischen Tempeln. Ein Händeklatschen sagte dem Gotte jedes Mal: „Ich bin da, erhöre mich!"

---

[5] Tempos (Messingmünzen), länglich-rund, 12 = 1 Tchibou = ½ Dollar.

Melancholisch tönte von Zeit zu Zeit, weithin durch den grauen Tag hörbar, ein einzelner Gebetschlag auf dem Gong, welcher, an einem Portale aufgehängt, von Andächtigen geschlagen wurde und den Gott rufen sollte.

Wir traten nun, von Neugierigen, besonders aber vielen grinsenden Kindern, kichernden Mädchen und schwarz bezahnten Weibern verfolgt, durch die Tempeltore in den Vorhof und sahen die Galerien der Pagode mit Menschen angefüllt. Besonders war es die Nase einer Amerikanerin, der Mutter meines kleinen, blond gelockten Freundes Benjamin, welche von dem zarten Teile der Bevölkerung wegen ihrer starken Entwicklung angestaunt wurde. In des Volkes Stimmung waren noch Nachwehen des buddhistischen Neujahrsfestes zu bemerken. Wir verließen diesen heiligen Ort nicht, ohne auch hier wiederum einen Gegensatz gegenüber China konstatiert zu haben, wo die Menge stumm und andächtig die Hallen gefüllt hatte. Zwischen den schön geschnitzten, vom Alter dunkel gefärbten Holzverzierungen waren an allen Ecken malerische Durchblicke gestattet, und die großen, schiefgestellten Galgen nicht unähnlichen Tempeltore, sowie die Lorbeer-, Zitronen- und Pfirsichbäume rahmten die Landschaft anmutig ein.

Jeder Europäer in Japan hat drei Stadien gegenüber dem Volke durchzumachen: Erstens das Entzücken, dann die Enttäuschung und endlich drittens die Zeit der Verurteilung, der Scheidung von Gutem und Bösem, der Anerkennung der Fähigkeiten und des Ertragens der noch größeren Schwächen dieser Nation, kurz, ein Stadium der Versöhnung. So ging es auch uns in Osaka. Wir sehnten uns deshalb nach Yeddo, um in der Kapitale unser Urteil persönlich zu bilden, ob man berechtigt sei, den Chinesen den „Engländer", den Japaner den „Franzosen des Ostens" zu nennen.

Die Meinungen über alle Zustände in Japan und dessen Aussichten für die Zukunft waren, selbst bei den Ansässigen, dermaßen geteilt, dass man täglich mehr dazu verlockt wurde, sich seine eigene Anschauung durch keines Freundes Rede mehr stören zu lassen und selbst zu beurteilen suchte, worüber endgültig zu entscheiden freilich jahrelanger Aufenthalt noch nicht berechtigte. In vielen Fällen wird, wenn auch nicht aus unparteiischen, so doch soliden Quellen, gesammelt und mit gegebenen Faktoren kann ja der Leser selbst rechnen.

Auf der Rückfahrt bewunderten wir im Flusse die kräftigen Gestalten der Schiffer, welche, trotz der Kühle, halbnackt ihre Barken stromaufwärts brachten, indem sie, auf Stangen gestützt, am Rande derselben hinliefen.

Als wir zunächst dem Fort, zwischen den wenigen vor der Barre verankerten Schiffen heraustraten, begann der kleine Ho-Yen bei starkem Swell (Hohlwellen) von SW, der Einwirkung hoher See aus dem Stillen Ozean, erbärmlich zu schlingern, d. h. die Linie einer Acht zu beschreiben.

Drei viertel Stunden lang bedrohte die See Kopf und Magen. Aber die wohlgenährten und seegewohnten Europäer – selbst die Damen – kümmerten sich um die heftigen Bewegungen wenig, noch weniger, als diese in Rollen und einfache Seitenbewegung übergingen. Die schlechter genährten Japaner jedoch litten heftig, und wir konnten wahrlich bei den geringen Dimensionen des Decks unsere Seetüchtigkeit erproben, denn wir waren gezwungen, alle Symptome der japanischen Bad Sailors mit anzusehen. Am meisten litt die schöne Herzensdienerin eines Konsuls, wohl von hoher Geburt, eine selten hohe Gestalt und eine der wenigen hübschen Japanerinnen, welche von dem Kapitän mit besonderer Sorgfalt in seiner eigenen Kabine gepflegt wurde.

Der Boden war in Folge der Verwirrung mit Unreinlichkeit überdeckt und so standen wir nun gedrängt an der Spitze der Dampfbarke, um den Geruch, das Stöhnen und Jammern möglichst fern zu haben. Bei den Seitenbewegungen musste man sich festklammern, um nicht ins Wasser zu gleiten. Zunächst beim New-York hielt der Kapitän aus Gefälligkeit für uns an, ehe er in den Hafen eintrat und rief, als wir uns dem Ausgange zudrängten, ein gebieterisches „Ladies first!" aus. Zwei hilfreiche Campans kamen heran. Pfeilgeschwind trieben wir mit der Strömung der schwimmenden Heimat zu und tanzten an der Brücke auf und ab, bis die Damen geborgen waren. Freudig, hungrig und angeregt hieben wir bei Tisch in die Speisen ein, und eine versöhnliche Stimmung hatte sich der ganzen Gesellschaft bemächtigt.

Die andere Partie, welche den Tempel des Mondes besucht hatte, erzählte von der Aussicht viel Gutes.

Die Anzeichen für das Wetter waren keine günstigen und man glaubte, dass unsere Weiterreise bis Yokohama eine stürmische werden würde. Des nachts blieb die See hohl, der große New-York rollte an seinen Ankerketten, die Brandung spritzte hoch auf, und 24 Stunden später sollten wir uns nicht so wohl befinden, wie auf der Reede von Hiogo.

Am Morgen des 5. März hingen die Wolken tief herab. Des Nachts war endlich die erwartete Post von Yokohama an Bord des schon 25 Jahre alten Golden Age, Dampfers derselben Linie, angekommen, und der Kapitän rief mir scherzend zu: „The Golden Age arrived, but will leave this evening!" Das Goldene Zeitalter ist gekommen, geht aber abends wieder fort.

Wir fuhren noch an Land, besahen einen heiligen Föhrenhain, ein heiliges Ross, heilige Vögel, Steinlampen, ehrfurchtsvoll verehrte Fische in Teichen und angebetete Schildkröten. Dieser Tempelhof mit Gebäuden gab der Gottesidee in meinen Augen viel mehr Ausdruck, als unsere kalten Steinhallen, in welchen der Mensch unwillkürlich von der Bewunderung der Natur abgelenkt und zu übersinnlichem Grübeln verleitet wird. Liegt denn nicht mehr Religion in dem Anblicke des, der erzeugenden Gottheit zugeschriebenen schönen Bildes der Erdoberfläche, als in dem jener scheußlichen Verzerrungen, der greifbaren Darstellungen, welche der Alltagsmensch sich zu der Idee vom Schöpfer macht und die in den Wallfahrtsorten zu wahren Fratzen entstellt werden?

Hübsche Schnitzereien und ein eiserner, bereits vom Roste angegriffener Opferkasten, endlich Dächer und Mauern bildeten nebst einem, zum Schutze der Friese angebrachten Drahtgitter, die letzten Gegenstände der Beobachtung.

Im Regen standen wir dann zu sechs unter einem Dachvorsprunge, bis es mir zu langweilig wurde zu warten und ich bei leichtem Sprühwetter mich dem Wasserfalle zuwendete. Dieser Ausflug lohnte nicht die Mühe. Es gehört Phantasie dazu, einen Wasserfaden zu bewundern.

Nach und nach sammelten sich alle Passagiere, und die Abfahrtszeit rückte heran. Auf etwas unsanfte Art wurde ich daran erinnert: Ich stand gerade an Deck plaudernd, als man acht Schläge (vier Uhr) auf die Glocke hämmerte. Da warf mich plötzlich ein heftiger Luftdruck stark zur Seite. Sofort ließ sich etwa acht Schuh unter mir eine Detonation vernehmen, sie folgte weißem Dampfe, aufblitzendem Feuerscheine und Pulvergeruch. Nun hegte ich keinen Zweifel mehr über die Stunde der Abfahrt, die Kanone war gelöst worden.

Hierauf lief der Chinese, wie toll auf den Gong schlagend, auf Deck umher, besuchte in gleicher Weise die unteren Räume und die Kajütenstuben, um durch dieses Getöse des melancholisch brüllenden Instrumentes allen Nichtmitreisenden den Laufpass zu geben. Im letzten Augenblicke kamen Cl. und sein Famulus von der Kuriositätenschau, dann noch einige Boote, deren Insassen es gelang, Briefe und Pakete in den Dampfer zu reichen oder zu werfen, als sein Kielwasser, von den Rädern in zwei gleiche Teile geschieden, schon in starken Wasserbergen aufwallte. So traten wir denn den letzten Teil unseres viermonatlichen Weges bis Yokohama an. Es war Zeit, wir brauchten Ruhe.

Die neuen, als Passagiere aufgestiegenen Japaner umlächelten und bestaunten den Beam (Hebelbaum) unseres Dampfers und erklärten sich gegenseitig die Dampfmaschine. Sie schienen glücklich, mit Europäern auch nur auf einige Tage und um den Preis einer Seefahrt zusammenwohnen zu können und gleich ihnen behandelt zu sein, wenn sie auch an einem Nebentische speisen mussten. Sie machten sich auf den Stühlen breit und bekomplimentierten sich gegenseitig mit den drolligsten Bücklingen, wobei sie, in gebeugter Stellung verbleibend, der Ehrfurchtsvollere tiefer geneigt, mit den Händen die Knie rieben und ihre breiten Mäuler zu einem entsetzlichen Grinsen verzogen. Handschuhe sind jedes Mal die ersten Errungenschaften, deren sich aufstrebende Jung-Japaner erfreuen.

Das Barometer, in den letzten Tagen hoch, war plötzlich bedenklich rasch gefallen, und wir standen vor stürmischem Wetter. „Vogue la galère!" „Ende gut, alles gut!" Zwar schien der Mond noch hübsch, aber der Wind wehte von NO in unserem Sinne und erregte hohe Schäume.

Seit Oktober 1873 hatte ich nicht mehr den Fond meines großen Koffers gesehen, und ich freute mich herzlich, das Leben wieder einige Zeit mit Schreiben und Sammeln neuer Dinge zubringen zu können, sowie den Inhalt meines Gepäcks an die Luft zu setzen.

Am 6. März erwachten wir bei großen Seitenbewegungen, gemischt mit Stampfen. Die letzte Last war in Hiogo aus dem Bauche des Schiffes genommen worden und, leicht wie eine Feder, dienten wir den Wellen nur als Spielball. Düstere Gefühle ergriffen mich an Deck, das Barometer hatte recht gehabt, vor Abend sollte des Elends kein Ende sein. Um halb Neun Uhr morgens lag ich wiederum, das Frühstück kaum beachtend, auf dem Bette und dann durch siebeneinhalb Stunden, halb schlummernd, halb seufzend, in halbwachem Zustande zwischen Krankheit und Gesundheit in der Schwebe. Massige Wolkenballen jagten quer über den Kurs des New-York, der, in allen Rippen ächzend, die Schläge des Stillen Ozeans mit seinem scharfen Auge und seiner breiten Stirn auffing und zerteilte, so dass die Wellen mit ihren langen Schaumlocken an seinen Flanken vorbeisausten. Roller und Brecher an der Küste waren deutlich zu erkennen.

Bei schwerer See herrscht auf einem Schiffe Totenstille. Man hörte nicht reden, nicht lachen, nicht gehen, nur das Ächzen des Holzwerkes, das Klingen und Klappern der aufgehängten Gläser und Flaschen sowie das Klatschen der Räder, deren eines meist außerhalb des Wassers arbeitete. Der Wind pfiff durch die Taue, und der kleine, blondlockige Benjamin erzählte mit betrübter Miene, dass jene grässlichen Jammertöne aus seiner Kabine von „Mamma" herrührten.

Schon bald nach Mitternacht waren wir in den Stillen Ozean und den mächtigen Black Stream (Kuro Shiwo) hinausgetreten und fühlten diesen in seiner ganzen Größe. Die See ist an dieser Stelle seicht. Wir dampften daher beinahe in Grundwellen. Der Wind wirkte noch dazu und warf die Wogen hoch auf. Die Bewegung unter Sturmgeheul war so heftig, dass ich, auf der unteren Schlafstelle liegend, durch das etwa fünf Fuß höher gelegene Fenster jedes Mal die dem Schiffe nächste Welle unterscheiden konnte, obwohl ich mich nur zwei Schuh über dem Boden befand. Welcher Seitenbewegung bedurfte es, um das Fenster und mit diesem die etwa zwölf Schuh tiefer liegende Wellenspitze in gleiche Linie zu bringen! Später kam der Luftstrom mehr von West und fiel endlich zusammen. Wir konnten nicht mit ganzer Kraft der Maschine fahren, da dieselbe zu sehr der Gefahr einer Beschädigung ausgesetzt gewesen wäre. Kap Siwo Misaki, die Südspitze von Nippon, kam in Sicht, als wir uns eben mit voller Kraft gegen das Überholen stemmten.

Des Morgens hatte sich am Horizonte hinter uns ein ebenfalls nach Yokohama bestimmter, sieben Tage zuvor von Hongkong abgegangener Dampfer gezeigt. Es war ein leichtes, elegantes Schraubenschiff der Messageries Maritimes. Dieses Schiff wand sich ungleich besser durch die schwere Seitensee und embarkierte ganz ungeschoren drei bis vier Sturzwellen zugleich über die Flanken, während unsere Radkästen bei schnellerem Laufen gefährdet worden wären. Als man uns vom Schraubendampfer aus bemerkte, nahm man dort Segel und ließ uns bald weit zurück, da unser Schiff zu breit und nicht segelfähig war. Ein Paddle-Wheel-Steamer (Schaufelraddampfer) bei hoher See neben einem Schraubendampfer unter solchen Verhältnissen ist einem Pelikan zu vergleichen, welcher einen Delphin an Schnelligkeit übertreffen wollte. Mit Bedauern erfuhr ich, auf meinem Bette liegend, durch den Reisegefährten, welcher von Zeit zu Zeit kam, um bei mir nachzusehen, und den Kopf zwischen dem Vorhange durchsteckte, dass ein Doktor aus Nagasaki, der Schiffsarzt Dr. T. und der Purser (Zahlmeister), alle drei Vollblutamerikaner, den Kapitän wegen dieser Demütigung um Volldampf gebeten hätten und durch Champagner, den sie aufgrund ihrer Wette im Voraus getrunken hatten, erhitzt, die der Nation angetane Schande gerächt wissen wollten. Aber der Kapitän und der First Engineer waren wohl klüger und hinderten diese drei aufbrausenden Yankeehitzköpfe an dem gefährlichen Projekte, bei so hoher See Volldampf zu geben. Solche Szenen, wenn gelesen, glaubt man nicht gerne, sobald sie Gerstäcker und Konsorten auf den Missisippi versetzen, und nun sollte ich Augenzeuge eines solchen Schauspieles bei Gefährdung der eigenen Sicherheit werden? Hoffentlich war die Sache nun zu Ende. Aber als ich gegen Abend, von meinem Leiden wiederhergestellt, auf Deck stand, da bemerkte man wieder den von wankenden Wellen gepeitschten Körper des französischen Postdampfers, etwa acht bis zehn Meilen von uns entfernt, unter dem Drucke der hohen Sturzwogen sich vorwärts arbeitend, da er die Segel wegen des gefallenen Windes hatte einziehen müssen. Es war zwar auch unsere unangenehme Bewegung nicht gewichen, die scharfe Seeluft aber befreite meinen Kopf von jenem Eisenringe, den die schwüle Kabinenluft um ihn gelegt hatte, und ich stand, durch das wechselvolle Schauspiel der riesigen hohlen See gefesselt, auf Deck. Wir mussten uns fest gegen den Boden stemmen, denn die Horizontale wurde bedenklich in Zweifel gezogen. Keine Sekunde lang gab der Schwarze Strom Ruhe. Der New-York wankte in allen Himmelsrichtungen, wie ein Waschtrog, der auf einem Wildbache herabgeschwommen kommt. Langsam kroch ein Kranker nach dem anderen aus der Tiefe hervor. Aber auch diesmal war der Reisegefährte gegen alle Versuche des Meeres, seine Kräfte zu erschüttern, unbeugsam geblieben.

Immer näher kam der Schiffskörper des Franzosen und dieses Schwinden der Entfernung brachte das Blut und den Wetteifer der Yankees wieder in Bewegung. Der Vorteil, welchen der M.-M.-Dampfer aufgeben musste, da er auf tausend Tonnen und drei Masten zwölf bis vierzehn Segel zur Verwendung hatte, war so groß, dass wir, freilich nur wegen des Windes Niederfall, den Wettlauf wieder aufnehmen konnten.

Mit den Worten „Quite an exciting race" (ein ganz aufregender Wettlauf) richtete der Doktor „in his high spirits (wohl gelaunt) die Rede an mich, als er wegen meines Verschwindens in die Kajüte lachte und die versäumte Anregung laut pries. Aufs Neue erhoben sich die Stimmen für Volldampf, diesmal in besserer See mit größerem Erfolge und nach Tisch schon hatten wir, dem Buddha war's gedankt, die grünen und roten Lichter des Franzosen hinter uns. Während dieser Epoche des Wettrennens stand der alte Kapitän F., der zarte, aufmerksame, väterliche Damenprotektor, der liebenswürdige Schiffskönig, der Pionier dieser Linie, wie verwandelt durch den Kampf der Leidenschaften, ganz stumm bei dem Kompasse zunächst dem Steuerhäuschen und warf seinen Kautabak bald in die eine, bald in die andere Backe, blickte unstet ab und zu und beruhigte sich, ohne ein Wort zu reden, sichtlich sodann, als Schiffs- und Nationalehre gerettet waren.

Unser mädchenhaft sanfter Freund mit den wasserblauen, schwärmerischen Engelsäuglein, Sh. aus New York, hatte auch Angst für seinen teuren Leichnam gehabt, trotzdem er zur Ehre seiner Landsleute konstatieren zu müssen glaubte, „dass man nicht überheizt habe". Warum, frage ich dann, war aber der Engineer nach dem zweiten Gange der Tafel aufgestanden, um dem zu heftigen Poltern der Räder und dem erdbebenartigen Zittern, welches durch das ganze Schiff lief, so dass die Flaschen bei Tisch dem Umfallen nahe waren, ein Ende zu machen?

Der sonst majestätisch arbeitende Beam war gleichsam atemlos in eine übermäßig schnelle Bewegung versetzt worden, obwohl in dieser leichteren See, „Smooth Water", wie Kapitän F. diese mächtigen Hohlwellen benannte, es weniger schaden konnte. Ja! Pacific Ocean! Dass du Ozean bist, das sah ich, ob du friedlich seiest, das habe ich nicht erkannt, denn unser Schlot war bis oben mit weißer Seewassersalzkruste und Streifen, die die Sturzwellen hinterlassen hatten, bedeckt, und auch die Kleider, wo sie vom Wasser erreicht waren, lieferten einen Beweis von dem bedeutenden Salzgehalte dieses Meeres. In dem Kuro Shiwo ist die Gefahr durch Strömungen und Klippen noch größer, und die Assekuranz-Prämien für Segelschiffe sind hier sehr hoch.

Das waren die Folgen der Exciting Race, nach des Doktors Äußerung, der Hurdle Race zweier Postbeutel zur See, der Wette eines Zahlmeisters und eines Schiffsarztes, die nicht beachten, wie bald eine Maschine in die Luft gehen könne.

Bei Tisch war von den Damen noch immer nur Mrs. Cl. anwesend. Alle anderen lagen tief verborgen in Kummer und Sorgen.

Abends begann leichter Nordwind, und erst spät erblickten wir die Lichter von Rock Island, noch 72 bis 75 Seemeilen von Yokohama entfernt. Wie ein Gespenst zitterte das Bild des Fujiyama mit seinem im Silber des letzten Abendlichtes glänzenden Schnee über den Wolken, die ihn bald bedeckten.

Ein großes Schiff strich gespensterhaft im halbverhüllten Mondlichte mit vollen Segeln an uns vorbei. Es hatte Yokohama wohl kaum vor Mittag verlassen. Yokosaka, Kanagawa, Treaty Point, Mandarin Bluff, die historischen Plätze, blieben uns im Dunkel der Nacht verborgen.

Yokohama und Yeddo

Als ich am 7. März erwachte, lagen wir bereits seit einigen Stunden auf der Reede von Yokohama vor Ufer. Ich hörte den Postschuss an Bord und stieg auf Deck. Wir befanden uns auf

139° 19' 10" ö. L. und 35° 26' n. B. Um 9 Stunden 20 Minuten ging uns die Sonne früher auf als in London und man saß zu Hause noch beim Abendtee des vorherigen Tages, des 6. März, während für uns schon die Sonne des 7. strahlte.

In blauer Ferne sah ich die Bergzüge, welche den Übergang vom Tal bis zur Höhe des Fujiyama, des Herrschers über die Gebirgswelt Japans, der aber, in seiner Höhe von zwölftausend Fuß noch ungnädig hinter Wolken zu schlafen geruhte, vermitteln. Er hat 3729 Meter, 68 Meter weniger als der Großglockner. Das japanische Schneegebirge hat nach Dr. Rein (Petermann's Mittheilungen 1875) 2536 Meter auf dem Hakusan (weißer Berg). Eintönige Hügel und die schwach besetzte Reede bildeten den Vordergrund. Nach den Herrlichkeiten Nagasakis und den Genüssen aus der Inland Sea war ich enttäuscht. Der erste Eindruck entmutigte mich vollständig. Also hier sollten wir bleiben und schaffen? Der Platz nahm ja schon durch sein Äußeres gegen sich ein.

Leben und Bewegung, wie in chinesischen Häfen, fehlte hier. Die Eintönigkeit in der Form der Boote und Segel war auffallend. Man sah Rathaus, Zollhaus, Gasometer, einige Banken und beflaggte Warehouses. Das war alles.

Bei leicht bewegter See fuhren wir zwei Mal ab und zu, um das Gepäck in den unsicheren Booten an Land zu bringen. Im Customhouse waren wir lange beschäftigt. Die japanischen Beamten machten sich offenbar ein Vergnügen daraus, mit Europäern zu verkehren, und, wie im ganzen Oriente, wollte keiner von den Koolies die schwersten Stücke angreifen. Sh. ging voraus, um unter den drei bestellten Zimmern sich sofort das Beste zu wählen, und wir liefen gutherzig neben seinem und unserem Gepäcke dem Karren nach, den etliche Japaner unter Wehgeheul zogen. Nicht weit von uns lagen die verrosteten Überreste des 1872 verbrannten Pazifik-Dampfers America.[6]

---

[6] Aus Hongkong wurde den 19. Dezember 1874 telegrafisch gemeldet: „Der Dampfer Japan, aus Yokohama kommend, geriet am 17. Dezember auf sechzig Seemeilen von Hongkong in Brand. Einige Personen der Bemannung sind in Hongkong angekommen, man fürchtet jedoch, dass viele verunglückt seien." Der Japan gehörte der amerikanischen Linie an, die nur hölzerne Raddampfer

Ich zog in das International Hotel, da obiger Reisegefährte die Zimmer nur bestellt, jedoch nicht angesehen hatte und man uns in die schlechtesten Räume stecken wollte. Leider war in diesem zweiten Hause alles so schmutzig, dass ich bald zurück kam, wenngleich Cl. und das junge Doktorpaar sich über solche Hindernisse hinwegsetzten.

Nachdem wir am 7. in größter Eile das Nötigste ausgepackt hatten, ließen wir uns nicht länger halten und rollten, trotz Regen und Kälte, in den raschen Jinrikishas zur Kuriositätenstraße (Eurio Street), besahen den Bahnhof, die Miniatureisenbahn (Tetsudo) die Teehäuser auf den Bluffs, einen Pfeilschützenstand – ein Hauptvergnügen der Japaner ist Pfeil und Bogen zu handhaben – in welchem mit der größten Genauigkeit auf etwa dreißig Schritte fortwährend das Zentrum der Scheibe getroffen wurde – der Schütze saß auf dem Boden. Vor uns lag das Panorama der Yeddo-Bay und die Reede von Yokohama, ganz nahe zu Füßen der Stadt.

Als wir diese Stätte der Lust verlassen hatten, begegneten wir einer Schar rosenrot und himmelblau gekleideter Sträflinge, deren heiteres Gelächter sonderbar mit den ernsten Mienen der bewaffneten Begleiter kontrastierte. Schon dieser Zug bewies, auf wie tiefer Stufe dieses Kindervolk noch steht. Kein Ehrgefühl, keine Scham lag auf diesen Gesichtern! Das Kettenklirren schien für sie nur Musik zu sein, und frech grinsten sie unsere kleine Karawane in den Jinrikishas an

Wir fuhren dann hinaus zur Native Town (Eingeborenenstadt), sahen einen prächtigen japanischen Reiter auf einem kleinen, gedrungen gebauten Pferde, welches die Mähne „à la romaine" geschoren hatte. Hinterher lief sein Betto (Groom).

Lastzieher arbeiteten sich schreiend, mit Steinen und Balken auf den Karren, durch den tiefen Kot. Eine hübsche Szene ergötzte uns sehr: Einer der vielen Blinden, welche hier zugleich Kneter sind – um die

---

hatte, bis im Mai 1874 ein eisernes Schraubenschiff, City of Tokio, vom Stapel gelassen wurde, als der Basco seine Konkurrenzfahrten begonnen hatte. Eine Gefahr für Holzschiffe besteht auch in der Fäulnis. Darum wählt man Teakholz (indische Eiche) und gibt Kupferbeschläge (Metallhaut). Auch der Bohrwurm (Teredo navalis), eine sechs Zoll lange Schnecke, verwandelt Holzplanken in Siebe.

Hauttätigkeit nach dem Bade anzureizen – und des Nachts ihre Anwesenheit durch Pfeifen kundgeben, stieß an einen Hund und verlor dabei einen seiner Schuhe. Alle lachten, er selbst am meisten, als er seine Fußbekleidung suchte und ihm niemand helfen wollte. Mich wunderte, dass der Hund nicht auch zu lachen anfing, so sehr gellte von allen Seiten das herzliche Geschnatter, das fröhliche Gekicher. Diese Kinder – nur mit etwas Falschheit ausgerüstet – verbargen hinter der freundlichen Miene ihre Gedanken. Das Grinsen bei den Begegnungen mit Europäern ist ein künstlich gemachtes, das ist unschwer zu entdecken.

Ich fand bei dem englischen Konsul, welcher provisorisch die österreichischen Geschäfte leitete, eine sehr unfreundliche Aufnahme. Er wusste nichts von Briefen an uns, bis ich dieselben auf dem Kaminbrette selbst suchte und unter Papierschnitzeln fand. Um wie viel natürlicher wäre es gewesen, die k. u. k. Konsulargeschäfte in deutsche Hände zu legen, besonders, da jene Waren, in welchen wir konkurrieren konnten, hauptsächlich von Engländern eingeführt werden, und der englische Konsul ist ja doch zuerst Engländer und dann Österreicher. Nicht ein Wort der Zuvorkommenheit erfuhr ich von Seiten dieses Konsuls, trotzdem man ihn mir in Shanghai so sehr gelobt hatte. Nicht einmal die gewöhnlichsten Erkundigungen über die Reise erlaubte er sich, so dass ich ihn durch einige Zeit für einen niederen Beamten des Konsulates hielt. Er hat uns nie besucht.

Wie hatten uns dagegen die Vertreter anderer Nationen an allen Plätzen empfangen!

Die übrigen Briefe aus Europa musste ich erst zusammen lesen, denn die amerikanische, englische und französische Post wurde an verschiedenen Orten ausgegeben. Auch mein Bankier in Ceylon, welcher mir die Kosten eines Telegrammes wegen des auf einem Wechsel nach Singapur vergessenen Indossaments verursacht hatte, bedachte mich mit einem Schreiben von betonter Zartheit, in welchem er sich vollständig zu rechtfertigen suchte und mit Grobheiten überhäufte.

Die Witterungsklausel am 8. März: „Regen und Kälte" genügte in meinem Tagebuche als Überschrift für 30 Tage. Wir besuchten an diesem Tage Yeddo, lernten Dr. Hilgendorff und Dr. Hoffmann, zwei Professoren der medizinischen Schule in Yeddo, kennen. Sie luden uns ein, sie in Ueno zu besuchen. In dem schlechten Hotel zu Yeddo nahmen wir einen verzweifelten Lunch. In der Nähe wehte die k. k. östereichisch-ungarische Flagge, die mich ganz kalt ließ, seitdem ich in Yokohama erfahren hatte, wie der Engländer, wenn er ein fremdes Land vertritt, dessen Untertanen empfängt.

Wir suchten lange Zeit vergebens Greeven und fanden endlich seinen Hausgenossen, Herrn S., im Hotel. Sie bewohnten Knifflers Haus und Garten.

Unser Versuch, bei Joseph zu essen, scheiterte an dem gänzlichen Mangel substanzieller Speisen, und nur die französischen Drill-Offiziere bei der japanischen Armee haben dort Messe. Greeven kam uns zuvorkommend entgegen, und wir nahmen bei ihm ein drittes Frühstück, während Herr Becker aus Yokohama, ebenfalls dort zur Tafel, sich anbot, uns in den deutschen Club zu Yokohama einzuführen.

Wieder ging es durch tiefen Kot. Die Ninsogos wollten nicht weiter ziehen. Die Münzen: Ichi Bou und Bou sind die dem Bakschisch ebenbürtigen Alliierten des Fremden in Japan. Der Bou ist eine längliche, viereckige Silbermünze (auch Note) im Werte von einem halben Dollar, Ichi Bou (1/2 Bou) – 25 Cents. Sie halfen aus jeder Situation. Auch aus dieser.

Yeddo hatte mich auf den ersten Blick heftig enttäuscht. Aber ich wollte noch schweigen. Mein Urteil sollte nicht zu rasch sein. Der Tag war zu ungünstig, und der andauernde Regen bei einer mittleren Jahrestemperatur von + 15° Celsius nicht einladend. Wenn man bedenkt, dass die Stadt sieben Stunden im Umfang und zwei Millionen Einwohner haben soll, so mögen immer noch Plätze zu finden sein, wo die Eintönigkeit aufhört und an die Stelle von zerlumpten Buden elegante Läden treten. Nach amtlichen Ausweisen hatte Tokio 1873 freilich nur 780.321 Einwohner.

Am 9. März, als ich das International Hotel wieder verlassen hatte, fand eine Promenade an die Curio Street statt, in welcher wir vieles besahen, jedoch erfolglos einkauften.

Am 10. erneuerte ich die Bekanntschaft mit Herrn von Wetherlin, welcher im ersten Stock des Grand Hotel wohnte. Er war einst Legations-Sekretär der Niederlande in Wien gewesen und wir hatten so manchen angenehmen Abend zusammen zugebracht, als die Tanzlust bei beiden noch in voller Blüte stand.

An Bord des Travancore in Ceylon hatte ich auf einer Kiste den Namen dieses Ministerresidenten in Japan zum ersten Male wieder gesehen. Er war erst seit einigen Monaten hier angekommen, nachdem er längere Zeit Java besucht und in Kanton bei Mestern gewohnt hatte. Auch Br. St., Photograph und Compagnon der Firma W., auch eines Österreichers, an deren Retoucheur, Herrn H., Reisegefährten des Herrn F. in Shanghai, mein Freund empfohlen worden war, besuchten wir. Man erzählte mir in Wien, dass die Aufstellung seines Teehauses aus Japan in dem Raume der Weltausstellung aus Gründen verweigert wurde, welche die gänzliche Unkenntnis des Charakters dieser Institute auf der anderen Seite bewiesen. St. musste sich nach dem Vergnügungsorte Baurhall wenden, dessen Besitzer Bankrott machte. St. hat die echte Physiognomie des österreichischen Offiziers. Er ist nur durch seine Energie und Intelligenz als Autodidakt zu einem hohen Grade von technischer Fertigkeit gelangt, so dass er alle Konkurrenten in Japan aus dem Felde schlagen konnte. In seinem Hause traf ich die gebildeteren Österreicher, welche damals in Yokohama lebten. Er besuchte mich später in Wien und befindet sich jetzt wieder in Japan. Sein Genosse hatte schon viel Unglück erlebt und trug den Ausdruck größter Übersättigung auf dem Gesichte, wie ich es bisher noch niemals in fernen Landen gesehen hatte.

Später besahen wir wieder Benten Dori. Endlich wurden die Ölfarben hervorgeholt und das Portrait eines Japaners erschien auf dem Papiere des Reisegenossen.

Praktische japanische Sprachstudien wurden durch die Dummheit der Diener vereitelt, deren Einer, als ich zufällig die Ausdrücke für „Wasser" und „Feuer" verwechselte, richtig das Wassergefäß in den Kamin stellte und das Holz in den Badekessel legte. Auch ein Beweis für den hohen Grad der Bildungsfähigkeit dieses Volkes durch den Kontakt mit Europäern.

Meine Erkundigungen, welche Japan betrafen, versetzten mich alsbald in die Lage, verschiedene Quellen aufzutreiben. So gelang es mir, auch in einem Blatte den Zensus von 1872 zu entdecken, den ich hier wiedergebe, nicht ohne einen Vergleich mit anderen Notizen vorzunehmen:

Japan-Zensus des 2532. Jahres (1872)

Für das fünfte Jahr „of Meiji from the Accession of Timmu Tenno". Aus der Japan Weekly Mail vom 7. Januar 1874, Seite 49-52. Berücksichtigt sind jedoch nur wichtige Stellen.

	Zahl	Bevölkerung
Kolonien: Yezo und Hakodate	1	123.668
Hauptstädte (Cities), „Fu"	3	-
Daimiat (oder Clan), „Hau"	1	-
Direkt vom Mikado regierte Saatsdomänen, „Ken"	72	-
Provinzen (Ken)	86	-
Kori (Departements)	717	-
Ku (City Parishes, Stadtpfarreien)	6.862	-
Mura (Rural Parishes, Landpfarreien)	70.443	-
Städte	12.535	-
Dörfer	76.000	-
Shinto Shrines	128.123	-
Buddhistische Tempel	98.914	-
Häuser (angeblich)	7.107.841	-

Detailliert

	Bevölkerung
3 Städte, „Fu":	
Tokei (einst 1 ½ Mill., jetzt nach O. Hübner 674.000)	779.361
Kioto oder Miako (nach dem Bericht der Weltausstellung 374.496, nach O. Hübner 400.000)	567.334
Osaka nach O. Hübner 372.000	530.885
1 „Han":	
Loochoo	166.789
76 „Ken", davon die größten:	
Kanagawa	492.714
Hiogo (nach O. Hübner 50.000)	198.559
Nagasaki (nach O. Hübner 80.000)	630.487

Totalbevölkerung Japans
Nach dem Zensus 1872: 16.796.158 männl. Geschlechts
<u>16.314.687 weibl. Geschlechts</u>
33.110.845 Bewohner Japans

In japanischen Häfen waren bis 1874 2.408 fremde Europäer und Amerikaner ansässig (über 300 Europäer standen in japanischen Diensten, im Zollhause auch ein Österreicher), davon 1.270 Engländer, 298 Deutsche, 260 Franzosen, 238 Amerikaner, 146 Holländer, 44 Portugiesen, 43 Österreicher und 38 Dänen. 275 Firmen waren etabliert, unter welchen 40 deutsche und 5 österreichische Handelshäuser.

1879 bewohnten (nach der D. Rundsch. f. G. und St.) Japan: 1.067 Engländer, 479 Amerikaner, 300 Deutsche, 230 Franzosen, 105 Holländer, 95 Portugiesen. In Summa 2.475 Europäer und Amerikaner. Der Zuwachs ist also gering. Während in den Vertragshäfen Chinas sich nur 23 ansässige Japaner befanden, belief sich die Zahl der in Japan angesiedelten Chinesen auf 2.723, deren größte Zahl Kleinhandwerk betrieb. Auch als Privatdiener, Köche und Compradores verdingen sich die Zopfträger in Japan.[7]

33.300.675 Einwohner, 16.891.729 männliche, 16.408.946 weibliche, seit 1872 Zunahme um 189.850 Köpfe, 1874 wurden 290.836 Knaben und 278.198 Mädchen geboren und es starben: Männer 208.092 und Frauen 197.312. Nach anderen Quellen gab es 1874: 2.829 Edelleute und 1.895.829 Samurai, 1., 2. und 3. Rangs (Titul.-Adelige), u. zw. Staatsbeamte oder Ministeriale der ehemaligen Lehnsfürsten.

---

[7] Dem Ausweise des statistischen Büros zu Yeddo entnommene Daten über den zum Abschlusse gelangten Zensus von 1875. Dieselben beginnen mit der kaiserlichen Familie und geben uns bekannt, dass die fünf kaiserlichen Paläste von dem gegenwärtig 20 Jahre und 2 Monate zählenden Mikado, von der 39 Jahre alten Kaiserin-Witwe und von der 22 Jahre und 8 Monate zählenden regierenden Kaiserin von Japan bewohnt seien. Zu 17 weiteren Palästen leben 28 Angehörige der kaiserlichen Familie. Von der männlichen Bevölkerung sind 4,7 Millionen unter 14, 2 Millionen über 15, 5 Millionen über 21, 2,5 Millionen über 40, 1,4 Millionen über 60, 0,07 Millionen über 80 Jahre alt. Von der weiblichen Bevölkerung sind 4,5 Millionen unter 14, 6,6 Millionen über 15, 5 Millionen über 40 und 0,1 Millionen über 80 Jahre alt. Bei der Bevölkerung von Saghalien, welches noch in den Ausweisen als dem japanischen Untertanen-Verbande angehörig figuriert und mit 2.358 Seelen beziffert wird, konnte das Alter nicht konstatiert werden. Der hohe Adel ist mit 2.829, die Klasse der Samurai ersten Ranges mit 1.548.568, jene der Samurai zweiten Ranges mit 343.881, die des dritten Ranges mit 3.380 Köpfen beziffert. Japan zählte 1875 gegen 300.000 männliche und weibliche Priester (1872: 244.869 Buddhisten-Priester, 6.714 Nonnen, 168.140 Shinto-Priester).

Volkszahl nach Beschäftigungen eingeteilt:

	Männer	Frauen	Summa
a) Landleute	8.004.014	6.866.412	14.870.426
b) Handwerker	521.295	180.121	701.416
c) Kaufleute	819.782	489.409	1.309.191
d) gemischte Beschäftigungszweige	1.218.266	911.256	2.129.522
Im Ganzen	10.563.357	8.447.198	19.010.555

Von 33 Millionen Menschen sind nur 19 Millionen regelmäßig beschäftigt! Also genau subtrahiert leben 14.100.270 Menschen in den Tag hinein, vom Bettel, Vagabundieren, und Stehlen, oder von ihrem Reichtum, oder sie sind ohne Arbeit aus Bettelstolz. Man betrachte dagegen China mit seinem tätigen Volke.

1874 gab es zwei Eisenbahnen: die seit 1872 bestehende Yeddo-Yokohama-Bahn und die im März 1874 noch nicht eröffnete Bahn von Hiogo nach Osaka. 1876: 105 Kilometer.

Der Wochen-Ausweis der 18 Meilen langen Eisenbahn Yeddo-Yokohama in einer Woche im Februar ergab:

30.600 Passagiere	8049,00 Dollars
Güter	538,61 Dollars
Summa	8487,61 Dollars

Gleiche Woche 1873 weist aus: 24.321 Passagiere und 7.483,90 Dollars.

Der Chef der Bahn (Superintendent) hatte monatlich 300 Dollars oder 15.000 Frs., also jährlich 36.000 Dollars oder 180.000 Frs. (etwa 72.000 fl. Öst. W. Silber). Bessere Bezahlung als ein k. u. k. Botschafter in London oder Paris.[8]

---

[8] Wie das in Yeddo in japanischer Sprache erscheinende Blatt Hoshi Shimbun meldet, sollen sich siebzehn japanische Edelleute entschlossen haben, die Bahn Yeddo-Yokohama aufzukaufen, um sie so zu einem ausschließlich vaterländischen Institute zu machen. Als Ankaufspreis sollen sie drei Millionen Gold-Yens (1 Yen = 4 fl. 50 fr. Oe. W.), also 13.500.000 fl. Oe. W., angeboten haben. Dasselbe Blatt teilt folgende Ziffern über die Goldausfuhr aus Japan

Der Telegraph hatte 2.832 Kilometer, während er in China nur 29 Kilometer betrug. Das hat seinen Grund in der Sprache, wie mir 1878 Dr. Brettschneider aus Peking in Wien mitteilte. Das Telefon würde sich für die chinesischen Leute besser eignen. Man telegrafiert in China mit Hilfe eines Schemas, in welchem Laute nummeriert waren, so dass der Depeschen-Absender nur die Zahlen anzugeben hatte.

Japan hat jetzt elf Kabel mit 71 Seemeilen Länge.[9]

Die Postanstalten Japans versendeten 1879 55 Millionen Briefe und 775.206 Poststücke, 18% mehr als im Vorjahre (D. R. F. G. u. St.).

Nach Otto Hübner sind die Hauptwaren für Ausfuhr: Tee, Reis, Seidenwürmer, Rohseide (14.000 Ballen jährlich), Kupfer, Porzellan, Stahl und Lackwaren. Einfuhr: Baumwolle, Reis, Zucker, Metalle, europäische Luxusartikel. Diese beträgt 108 Millionen deutsche Mark, die Ausfuhr dagegen nur 99 Millionen deutsche Mark.

Nach dem Auszuge aus dem englischen Konsularsberichte über den fremden Handel mit Japan von Mr. Martin Dohmen, Vizekonsul und Kanzler der britischen Gesandschaft zu Yeddo betrug[10]:

---

seit dem Jahre 1872 mit. Es wurden ausgeführt aus dem Hafen von Yokohama: 1872, 3.606.310 Yens, 1873, 2.680.370 Yens, 1874, 9.147.991 Yens, 1875 (bis zum 26. November), 12.690.644 Yens. Aus allen anderen Häfen: 1873, 601.702 Yens, 1874, 4.180.800 Yens, 1875 (bis zum 1. Juli), 1.706.173 Yens, zusammen 34.617.990 Yens oder 155,7 Millionen Gulden.

[9] Das Telegrafennetz der Erde betrug nach F. X. Neumann:

in Europa	117.779 geogr. M. Drähte auf 42.838 Meilen
in Britisch-Ost-Indien (1871)	5.000 geogr. M. Drähte auf 3.275 Meilen
in Japan (1873)	1.750 geogr. M. Drähte auf 1.600 Meilen
unterseeische Kabel im Ganzen	82.000 geogr. M. Drähte auf 13.500 Meilen
in d. Vereinigt. Staaten (1872)	35.779 geogr. M. Drähte auf 15.350 Meilen
in Australien (1873)	3.300 geogr. M. Drähte auf 2.200 Meilen
Total	268.000 geogr. M. Drähte auf 90.300 Meilen

mit 30.000 Stationen auf der ganzen Erde und 80.500.000 Depeschen. Mit Ausfüllungen einzelner Lücken könnte man die Telegraphenlänge der Erde in runder Zahl auf 95.000 geogr. Meilen veranschlagen.

[10] Notice sur l'Empire du Japon et sur sa participation à universelle de Vienne, publiée par la Commission Impériale Japonaise, Yokohama 1873, C. Lévy, impimeur-éditeur.

	Jahr 1870	Jahr 1871
die Ausfuhr in Dollars	15.143.246	19.184.805
umgerechnet in deutsche R.-M. ca.	60.000.000	77.000.000
die Einfuhr in Dollars	31.120.641	17.745.605
umgerechnet in deutsche R. M. ca.	125.000.000	71.000.000

1876 hatte, nach v. Scherzer, der Spezialexport Japans einen Wert von 110,7 Millionen deutsche Reichs-Mark.

Bei so verschieden lautenden Quellen muss man die Handelsverhältnisse im Osten vorsichtig beurteilen.

Der erste Handelsvertrag wurde von Amerika 1854 geschlossen.

1875 betrug die Rohseide-Ausfuhr Japans 650.000 Kilogramm. Der Seidenhandel setzte Werte von 5,7 Millionen um. 1875 bis 1876 wurden 13.591 Ballen à 100 – 113 englische Pfund exportiert. Das Erträgnis der Seidenernte in Japan stieg 1877 auf 900.000 Kilogramm.

Yokohama, seit 1858 eröffnet, führte 1863 für 33.000.000 Mark ein, für 9.000.000 Mark aus. 1869: Einfuhr: 71.000.000 Mark, Ausfuhr: 60.000.000 Mark. 1874: Einfuhr: 19.113.000 Dollars, Ausfuhr: 21.171.000 Dollars, Schiffsverkehr 434.000 Tons. Seit 1876 besteht in Yeddo eine japanische Gesellschaft mit 42 Dampfern.

Die Teuerung, die Preise für Alltägliches empfindlich berührend, übertraf alle Ahnungen, ja selbst meine 1872 gemachten Erfahrungen in Amerika. Selbst ein kleines Geschäft kann ohne eigenem Hause nicht existieren und hat monatlich mindestens 800 Dollars Expensen. St. Zahlte seinem Retoucheur allein 200 Dollars monatlich (= 1.000 Francs = 400 Gulden österr. Währ. Silber), das übertrifft noch die erschreckenden Monatslöhne in Amerika für Hausleute und Kommissionäre.

Die Assekuranz-Gesellschaften verlangen bei der Feuergefährlichkeit der Gebäude 3 Prozent Zahlung, da die meisten Häuser aus Holz bestehen und nur außen mit leichter Steinverschallung versehen sind.

Am 12. März machte ich einen Besuch im englischen Club, welcher mannigfaltiger ausgestattet und reicher dotiert war als der deutsche. Er hatte auch Zimmer für Fremde und Mr. Arb. wohnte daselbst.

Hierauf sahen wir den sehr vernachlässigten Public Garden, der einige hübsche Ausblicke in die Landschaft bot und hinter den Bluffs (Hügeln mit Landhäusern) unter einem reich entwickelten Nadelwalde angelegt war.

Nach dem Essen ging ich in das unterhalb des Camp Français gelegene Viertel der Japaner, das uns v. Wh. erklärte. Die Hauptstraße war mit unzähligen Papierlaternen beleuchtet. Noch ganz am Beginne derselben, hoch über Stufen, lag ein Tempel. Dort machte sich, etwa 300 Schritte hinter dem Grand Hotel und an dem gleichen Kanal, ein Priester breit und schlugen die Beter, um den Gott zu rufen, mittels eines Strickes, welcher an den Schwengel gehängt war, an den über der Türe aufgehängten Gong. Ferner sahen wir ein öffentliches Bad, wo es ziemlich ohne Etikette herging, und in welchem nackte Mädchen und Knaben, nur durch ein Gitter von der Straße getrennt, lachten und viele Verkaufsstände mit kleinen Lichtern besteckt und Buden, in denen Kleider, Stickereien und Allerlei zum Hausgebrauch ausgeboten wurden. Viele trugen Laternen mit ihrem Namenszuge.

Das Papier bildet neben, selbst durch siedendes Wasser unzerstörbaren Lackarbeiten einen Hauptartikel. Aus Papier verfertigt man alles: Körbe, Schachteln, Waffen. Ich besitze sogar einen Feuerwehrhelm aus Papier. Die Bücher sind reizend. Karikaturen, Handzeichnungen nach der Natur, Illustrationen zu Novellen, die stark an Albrecht Dürer erinnern, Götterbilder, etc. Porzellan, Metallwaffen, Matten, Kästchen, Marmor- und Glasarbeiten folgten sich. Ziermöbel und bronzierte Schmucksachen lockten uns zum Kaufe, Schreibpulte, japanische Wachtelhunde, Waffen und Helme wurden angeboten. Akrobaten, Märchenerzähler, Zauberer machten sich breit.

Als wir wieder zurückgingen und in die Nähe des Tempels kamen, hörten wir plötzlich Lärm, der die Straßenmusik und das Pfeifen der blinden Kneter verstummen machte. Unter lautem Rufen liefen die Leute mit Papierlaternen nach einer Richtung. Dunkelblau gekleidete Japaner, denen ein weißes „F.B." auf den Rücken genäht war (Firebrigade), Soldaten, Pompiers mit Helmen, Chinesen mit fliegenden Zöpfen, kreischende Weiber eilten ängstlich umher. Es bot sich uns alsbald das sehr häufig wiederkehrende Schauspiel eines Brandes in Yokohama.

Ich sperrte die Zimmertür ab – das Haus war wie ausgestorben – und ging mit Sh. und Bl. Bis zum Oriental Hotel, das wenige Häuserblöcke (Blocks) von uns entfernt lag. Die deutsche Bank, das Haus von Willmann & Cy., die katholische Kirche, die Bank-Buildings, die Druckerei des Japan Herald, etc. waren in großer Gefahr. Einige dieser Objekte standen schon in Flammen. Der Gott in dem Tempel war natürlich vergessen worden, und es schien ihm nicht zu behagen, am wenigsten aber dem Priester, dem dadurch eine hübsche Ausbeute an Kupfermünzen entging.

In Scharen strömte man zu der Stelle des Brandes. Die Pumpen arbeiteten vergebens, denn die Schläuche, bis zum Meere gelegt, waren nicht lang genug, um bei Ebbe die Wasserfläche zu erreichen. Man musste das Steigen der See abwarten.

Wir boten dem Wirte des Oriental Hotel, welcher mir kurz zuvor in artiger Weise den Weg zum Bankier Raud & Cie. gewiesen hatte, unsere Hilfe an. Er dankte jedoch, indem er sagte, er sei „well insured".

Das Prasseln und Krachen der Flammen wurde immer heftiger, neue Menschenscharen zogen herbei. Die Pumpen rollten, von 50 bis 60 Kulis gezogen, zwischen dem Ufer und der Brandstelle ab und zu. Langsam schritten die bezopften Drachensöhne vorzugsweise jenen Stellen zu, wo es zu stehlen gab, während die auf den Rücken mit bunt verschnörkelten Clan- oder Zunftzeichen versehenen Japaner eilig durch die Straßen huschten. Papierlaternen erfüllten die ganze Stadt, als ob es noch zu beleuchten gäbe. Mit hohen griechischen Helmen liefen die europäischen freiwilligen Feuerwehrleute heran, während Hilfe von allen Seiten in Form von Leitern, Feuerhacken und Eimern herzugebracht wurde. Man fürchtete eine Explosion in den Kellern der Apotheke. Aber trotzdem wich die dunkle Masse der Zuschauer nicht. Sie blieb unbeweglich bis knapp an die gefährdete Stelle stehen.

Fast nur wertlose Gegenstände flogen nun aus den Fenstern auf die Straße und wurden zum größten Teile gestohlen. Unter dem Vorwande des Rettens trug man ganze Kisten auf Nimmerwiedersehen davon, trotzdem die französischen und englischen Soldaten, sowie viele Seeleute, freiwillig Spalier bildeten. Aber all dieses Bestreben war nur zugunsten der Assekuranz-Gesellschaften, welche das Gerettete nicht zu ersetzen brauchten. Der Versicherte klopft sich ruhig auf den Bauch und besieht sich das hübsche Schauspiel, wenn sein Haus auch bedroht ist. Ich verlor zunächst der gefährdeten Hongkong und Shanghai Bank die anderen drei Herren aus dem Gesichte und blieb neben dem französischen Wirte, einem Belgier und einigen deutschen Montanisten stehen.

Gelbliche Flammen stachen nun, unheimlich züngelnd, in der Richtung mit dem Winde gegen das gegenüberliegende Portal der katholischen Kirche und die deutsche Bank. Das österreichische Haus von W. und St. war jedoch gerettet. Grauenhaft hob sich die Helle von der dunklen Nacht ab. Ein Meer von Funken stieg weithin, durch seinen Feuerschein mit den Sternen wetteifernd, empor gegen den Nachthimmel. Knatternd prasselte das leichte Holzgebälke auf. Gleichsam wie im tiefsten Jammer blickten die grell beschienenen Mauern mit ihren weit aufgerissenen Fensterhöhlen auf uns herab.

Mit Todesverachtung kletterten die vorzüglichen japanischen Feuerleute, Hitze und Gefahr außer Acht lassend, auf nahegelegene Objekte. Geschäftige japanische Konstabler suchten das Eigentum zu schützen und brachten mehrere Diebe, die sie abgefasst hatten, in Sicherheit. Aber man erzählte, dass selbst europäische Seeleute ihre Taschen mit Zigarren aus „geretteten" Kisten angefüllt hätten. Unser Hotel war außer Gefahr, da der Wind die Flammen nach China trieb. Zuweilen tönte der Klang der Glocken bis in die Stube, und ein fernes Summen ließ den Schlaf nicht aufkommen.

Ein Laufen und hastiges Reden im Hotel, das Geheul eines im Hofe ausgesperrten Hundes, das Ab- und Zuschreiten des Nachtwächters im Korridor und das Erzittern der Luft unter dem fernen Gebrülle der arbeitenden Kulis und der Gongschläger ließ die aufgeregte Phantasie nicht ruhen.

Während des Brandes rissen die Franzosen Witze, bedauerten die Deutschen den Ausfall der Probe im Club, da man nächtens in dem improvisierten Theater „Guten Morgen, Herr Fischer!" geben sollte und lachten die Engländer über alles, besonders über die Haufen von Papier, welche aus den Banken geflogen waren. So leicht lebt der Gewinnhaschende in jenen Ländern. Eigentliche Hilfe gewährten nur die

Soldaten, einige Kulis, die Pompiers und die Fire Brigade of Yokohama. Beide Banken blieben gerettet, das Herald Office und zwei Apotheken waren abgebrannt. Es blieb nur noch eine in der Stadt.

Um drei Uhr morgens hatte ein entferntes Objekt wieder aufzuflammen begonnen, und man erzählte, dass die dabei beschädigten Tuchvorräte schon längst einer Licitation harrten. Solche Brände sind manchem erwünscht, wenn der Zufall ihnen eine Versicherungsprämie in den Sack spielt. Die Druckerei des Japan Herald stellte am folgenden Morgen Kulis auf, um die in alle Windrichtungen gestreuten Typen zusammenzusuchen, während die Straße vor den Bankgebäuden mit Geschäftskorrepondenzen wie gepflastert war.

So hatten wir denn eine der Landplagen Japans, speziell Yokohamas und Yeddos, gesehen. Nun fehlte uns noch ein Taifun und ein Erdbeben, um an ersten Erfahrungen den Neulingen dieses Handelsplatzes ebenbürtig zu sein. Sechs bis sieben Häuser lagen in Ruinen. Aufgrund des benachbarten, wärmenden Brandes und hoffend, diesmal im General Merchant Shop trockenere Zigarren zu finden, kaufte ich ein Kistchen. Aber nicht einmal die mächtigen Gluten waren im Stande gewesen, sie auszutrocknen. Bei dieser Promenade passierten wir das abscheulichste Quartier der Stadt, wo das Laster aus allen Augen sprang und sahen dort, wie ein altes Weib unter hässlichen Flüchen mit einer Stange räudige Hunde austrieb. Ich hatte auf dieser Reise viel des Ekelhaften gesehen, aber die Gemeinheit in europäischen Formen tritt in diesen Ländern umso greller hervor, da man ohnedies bei Beurteilung der Europäer nicht sentimental vorgeht. Diese Teniersche Szene trieb mich gewaltsam schöneren Bildern zu. Aber, da ich eben von Eindrücken solcher Art sprach, so will ich noch erwähnen, dass es für mich nichts Widerlicheres bei den Eingeborenen gibt, als das Geschrei. Von Tanger bis Hakodate, von Turkestan bis Ceylon schreit der Orientale, so oft er die Gelegenheit dazu hat, und gibt es keine solche, dann tut er es, weil er keine hat, aber sie sucht. So auch der Japaner. Die ruhige Arbeit des Nordamerikaners und des Europäers sticht bei solchen Gelegenheiten umso günstiger von dem hastigen Treiben der Eingeborenen ab. Bei dem Mohammedaner ist das Geschrei zu der Arbeit Gebet. Hier ist es wild unartikuliert, in China sind es Achtrufe. Bei Läufern dient das Geschrei zum Ausweiten der Lungen, überall zur Kraftersparnis durch taktgemäßes Eingreifen bei Massenarbeiten, während der Schreiende doch de facto durch die Anstrengung der Lunge und Kehle an Kraft verlieren muss. Wir Europäer dürften bei unserer Alkohol- und Fleischdiät nicht versuchen, wie jene Reisesser zu arbeiten, denn unser Blut ist viel zu dick, und nur sehr große Übung würde uns in den Stand setzen, den tausendsten Teil der täglichen Arbeit eines Vorläufers (Betto) oder Zugmenschen (Ninsogo) in Japan zu ertragen.

Des Abends besuchten mehrere Herren ein japanisches Theater und kamen sehr erheitert zurück. Die Schilderung desselben beschränkte sich auf treffliche Imitation der Brummstimmen des Biwaspielers, der entsetzlichen Gurgellaute des Tenorsängers und der rührenden Deklamation. Im Parterre soll es zugegangen sein, wie in „Müller und sein Kind". Die kleinen Nasenpapierchen hatten zahlreiche Tränen aufzufangen und wie Schnee den Boden bedeckt. Blaas erzählte:

„Jeder der geschickteren Schauspieler wurde, damit man sein Mienenspiel besser beobachten könne, mit einer Kerze auf einer langen Stange verfolgt, so dass, wenn er seinen Kopf umdrehte, er notwendigerweise in das Licht fahren musste. Der Gesang dauerte in der höchsten Falsettstimme fort, und mitten in dem Gange des Stückes wurden die Gedanken der eben schweigenden Schauspieler durch die zwei obigen Sänger dem Publikum mitgeteilt. Im Parterre hockte dasselbe auf dem Boden, wie in den Häusern, ebenso in den Logen, in welchen sich sechs bis sieben Japaner befanden, jedoch nicht Raum genug war, um auch nur zwei Europäern bequemes Sitzen zu gestatten."

Eine der schönsten Promenaden ist die über die Bluffs (Public Garden) bis Race Course (Rennplatz). Den Grand Stand (Tribüne) rechts liegen lassend, kaufte ich in einem Dorfe vorher japanisches Backwerk, das mir trefflich mundete und trat von Negishi, wo ich zur Mississippi Bay hinabstieg, den Heimweg an. Von da kehrte ich zwischen den Reisfeldern zurück. Die schöne Partie an dem Ufer der Bai steht vereinzelt da, sonst sind die nächsten Umgebungen Yokohamas unbedeutend.

Hinter Negishi sah ich hübsche Felsenpartien, die aber mit dem scheinbaren Ansprüche auf Großartigkeit lächerlich wurden. Wohl siebenmal vergrößert, hätte man sie in die Schweiz stellen können, so aber blieben sie doch nur wie ein Spielzeug.

Unter vielen immergrünen Bäumen – Lorbeerbäumen, Eichen, Föhren, sogar einigen Fächerpälmchen – schlängelte sich der Weg anmutig von der Bai bis zur Stadt. Einzelne Kindermägde und europäische Ehefrauen, ihre Kinder in Miniatur-Jinrikishas, bildeten das Leben auf dieser Straße. Sonst sah ich nur Fischer am Ufer. Auf den Reisfeldern spross das frische junge Grün und aus den Teehäusern riefen die plattnasigen Mädchen dem Wandernden mit einem lustigen „Ohaioh!" ihre Einladung zu einer Tasse Tee nach. So war denn der zweite Frühling in diesem Jahre für uns erwacht, denn schon in Hongkong hatten wir einen ersten Lenz verlassen, um in Shanghai noch den Winter anzutreffen. In Japan war nun die Sonne wieder aus langem Schlafe emporgestiegen. Ich passierte Makadu, dann Hommoku, sah sodann das Haus der englischen Gesandtschaft mit den kleinen Nebenhäusern für die Beamten und die Studenten, schritt vorher noch durch farben- und effektreiche Dörfchen und Wäldchen am Strande zunächst einer Reihe von kleinen Felsen, welche sich bis Yokohama French Camp ziehen und kam durch Kitagatu bis British Camp. Durch French Camp Garden stieg ich die steile Treppe herab.

Am 15. März flogen wir in drei raschen Jinrikishas an den Brandruinen vorüber. Durch Benten Dori und Curio Street gelangten wir zur Testsudo (Eisenbahn), stiegen vor dem Bahnhofe ab und fanden im Wartesaal erster Klasse eine Reihe von Ansichten der Strecke Yokohama – Yeddo, Fotografien von einem Österreicher aus Aussee, welcher den Fotografen Burger der k. und k. ostasiatischen Expedition als Handlanger bis hierher begleitet, jedoch Japan seither wieder verlassen hatte. Eine halbe Stunde Wartens verging rasch bei der Betrachtung der lächerlichen Figuren, welche einige Soldaten mit ihren hängenden Knien und vertretenen Stiefeln darboten. Ihre Hantierung mit den Karabinern war erschreckend. Man erzählte von ihrem Umgange mit Feuerwaffen sehr sonderbare Anekdoten, besonders von der japanischen Artillerie, welche einmal im Feuer exerziert haben soll, indem sie nach dem Ziele schoss, während unter dem Bogen, welchen die Schrapnells beschrieben – zwischen Kanonen und Ziel – ein Bataillon Infanterie zur Übung aufgestellt war. Ein Projektil durfte nur zu früh krepieren und die hohe Intelligenz der japanischen Artillerie konnte den Triumph feiern, auf ihre Kameraden geschossen zu haben. Relata refero.

In Yeddo nahmen wir um einen billigen Preis einen Wagen und fuhren direkt zu Herrn v. Brandt, dem deutschen Gesandten.

Der Weg führte durch die Straße An-jin-jo oder „Pilotenstraße". Klagelaute von Biwa und Shamisen tönten aus den niederen Häusern. An riesigen Daimio-Stores ging es vorüber, wo einst die tausend Vasallen jetzt gefallener Größen der Kriegerkaste untergebracht worden waren.

Auf dem Wege sahen wir große Gebäude, der Seidenindustrie und dem Wollhandel geweiht, Porzellan-, Waffen- und Papierfabriken.

Nachdem wir uns dem liebenswürdigen, hochgebildeten Manne vorgestellt hatten, führte man uns zu dem als Japanologen viel gerühmten Herrn Kempermann, Sekretär der Gesandtschaft, welcher uns mit echt deutscher Herzlichkeit empfing. Natürlich kam man auf die Affäre wegen des heimlich aufgenommenen „Klischees von Yokosuka", eines Portraits des Tenno (oder Mikado), welches durch das Loch eines Segels fixiert worden war, zu sprechen. Es war nämlich verboten, den Tenno abzubilden.

Daselbst trafen wir Herrn Konsul Z., welcher uns Vorwürfe machte, dass wir ihn noch nicht aufgesucht hatten.

Im Garten des Gesandtschaftspalastes sah ich eine lebende Antilope Crispa – eine Seltenheit – umherklettern. Sie glich einer Geiß mit einem Wildschweinkopfe. In der Gefangenschaft soll sie rasch zu Grunde gehen. Das Gebäude liegt hinter einem großen Portale und Hofe, wie alle ehemaligen Daimiopaläste. An der Einfahrt hing eine bunte japanische Laterne, mit dem preußischen Wappen bemalt. Herr von Br. war Artillerieoffizier, dann Mitglied der preußischen ostasiatischen Expedition im Anfange der sechziger Jahre gewesen und wurde 1875 nach Peking versetzt. Die Asiatic Society und andere wissenschaftliche Vereine verdanken ihm höchst wertvolle Beiträge.

Als wir das gastliche Haus Greevens verlassen hatten, fuhren wir zur Enceinte Nr. 3 des kaiserlichen Schlosses, welche mit ihren Gräben noch vollkommen erhalten war. Die Mauern jedoch wurden schon nach und nach abgerissen und mit ihnen das charakteristische, malerische Yeddo. Denn dies ist die einzige des Pinsels würdige Stelle in der Stadt. Das Schloss war kürzlich abgebrannt. Der Tenno hatte deshalb seine Wohnung gewechselt. Diese Demolierungssucht war ebenfalls der Wut, Europa nachzuahmen, entsprungen. Die großen Katastrophen hatte Yeddo aber am 12. November 1855 (Erdbeben) und am 7. April 1872 (Feuersbrunst) mitgemacht.

Nach längerer Fahrt betraten wir Ueno. Unter schönen Bäumen auf dem Hügel, einer Art von Wald-Avenue, trafen wir viel Volk. Ich möchte die Stelle den „eleganten Prater" Yeddos nennen, sowie Asakusa, welches wir später aufsuchten den „Wurstelprater" der Stadt.

Keiner der Professoren in Ueno war zu Hause. Die deutschen Lehrer an der medizinischen Schule hatten daselbst treffliche Wohnungen, im europäischen Stile gebaute, ebenerdige Häuser mit schönen Gärten und prächtiger Aussicht. Dr. M. trafen wir erst in Asakusa mit seiner Frau, einer französischen Kreolin aus Haiti und einem anderen Doktor der Medizin.

Wir traten in einen stark mit Vergoldungen bedeckten Tempel im Haine von Asakusa, und hier bot sich uns das sonderbarste Beispiel von Götterverehrung: Ein drollig bemaltes, hoch aufgehängtes Bild wurde nämlich von den Verehrern mit gekauten Papierstückchen bespuckt, und je höher dieselben fielen, desto mehr stand der Spuckende in Gnade. Viele Papierchen fielen auch gänzlich herab, und es schien dieses nach den Mienen der Andächtigen ein böses Zeichen. Es klatscht der Betende dreimal die Hände, um den Gott von seiner Ankunft zu benachrichtigen und spuckt erst dann. Fällt das Papier zu Boden, ist seine Bitte umsonst. Auch durch ein Gitter wurde diese Gebetsform geübt. Die Papierchen durften nicht die Zwischenräume der Stäbe passieren. Ist das nicht Fatalismus, religiöses Hasardspiel? Weihrauchfässer, Rosenkränze und Bilder erinnern auch hier wieder an die Ähnlichkeit des buddhistischen Kultus mit dem katholischen Ritus. Ein mir befreundeter Offizier der Kriegsmarine, welcher die ostasiatische Expedition mitgemacht hatte, nannte Asakusa treffend das „Maria-Zell des Ostens".

Dass der religiöse Fanatismus in Japan noch sehr groß sei, beweist die Ermordung des Konsuls Haber zu Hakodate auf Yeddo. Zum Tode verurteilt, wurde der Mörder, ein Adeliger, hingerichtet. Zugleich beantragte der deutsche Gesandte der Regierung, das Tragen der Schwerter in der Nähe der Fremden-Quartiere zu verbieten. Nach einem „Eingesendet" in der Times, „war der zweiundzwanzigjährige Yakunin von Okibo nach Hakodate gereist, wo er in den Teehäusern oft gesehen wurde. Er behauptete, ein Traum habe ihm prophezeit, dem Kaiser werde von den Ausländern Übles widerfahren." Der Mörder hieb den unglücklichen Konsul buchstäblich in Stücke. Der Japaner soll sich seiner Tat, ehe er sich den Behörden auslieferte, öffentlich gerühmt haben. Die Genugtuung war Dank der Energie von Brandts eine glänzende.

Es bekennen sich 30 Prozent der Japaner zur Sekte der Mon-to. Der Tote erhält bei ihnen einen neuen Namen und wird verbrannt. Der Buddhismus ist im Jahre 552 n. Chr. aus China gekommen. Japan hatte 1872 244.869 Priester des Buddha, 6.714 Nonnen, dagegen nur 163.140 Priester des Shintokultus. Die Regierung begünstigt die Nationalreligion, maßregelte die widerspenstigen Shintobonzen und gab den willfährigen buddhistischen Tempelhütern Unterstützungen.

Der Shintoglaube – von shin (Geist) und to (Gesetz) – bildet eine reinere, erhabenere, freiere Lehre als das Christentum, welches, Ende des 16. Jahrhunderts wegen der jesuitischen Intrigen auf politischem Boden ausgerottet, erst seit 1872 wieder gestattet ist. Auch die griechisch-orthodoxe Kirche hat – besonders in Yeddo – Erfolge.

Der sprüchereiche Konfuziusglaube zählt viele Anhänger unter den Gebildeten.

Dem Shinto ist die Sonne Gottheit. Als ihr Sinnbild gilt der Spiegel, welcher die einfachen Tempel dieses „Protestantismus unter den östlichen Kulturen" statt der Bilder schmückt. Er bedeutet Reinheit.

Alle Herrscher (Mikado) sind Nachkommen des Sonnenkami. Kami heißt Seele, Heiliger.

Riesige Papierlaternen hingen von dem Plafond herab. Die Menge summte und schwirrte unruhig ab und zu. Dort stand ein kleiner Buddha aus Holz zum Heilen aller Schmerzen. Man brauchte ihn nur an jener Stelle zu reiben, wo es schmerzte uns sich sodann daselbst zu berühren. Dabei kamen natürlich die drolligsten Szenen zum Vor-

schein. Das Merkwürdige ist, dass in nächster Nähe des Tempels die verworfensten Budenbewohner ihr Unwesen trieben. Auch heilige Tiere sahen wir wieder. Das Klappern der Münzen und Reisopfer in den Gabenkästen war ein ununterbrochenes.

Wenn man sieht, wie eifrig die Anhänger verschiedener Religionsformen ihre Zeremonien erfüllen, so fragt man sich unwillkürlich, welcher hat Recht? „Keiner!" und „Alle" könnte man antworten. Denn der Zweck dieser Formen liegt in der inneren Befriedigung des Menschen. Es sind verschiedene Variationen über dasselbe Thema: Die Gottesidee.

Auch Soutiers Zirkus lag hier. Seinen Schwiegersohn G. mit seiner Tochter und ihren Kindern hatten wir auf dem Wege von Ceylon nach Bombay an Bord des Travancore angetroffen, und mit ihm waren dieselben vor einigen Jahren von Europa durch Sibirien nach China gereist.

In einer offenen Reitbahn wurden Pferde auf fünf bis zehn Minuten vermietet, denn das Reiten ist Leidenschaft der Japaner, und viele können den Scherz nicht für Stunden bezahlen. Da die Fertigkeit bei diesen, natürlich ungeübten Reitern, gering war, so fielen sie schon nach drei bis fünf Minuten herab, wofür das Pferd auch sorgte, denn es schien darauf abgerichtet, durch plötzliches Stehenbleiben im Galopp den Reiter über den Kopf zu werfen. Bei dem Mietkontrakt jedoch wird ausdrücklich bemerkt, wenn der Reiter abgeworfen sei, dürfe er nicht mehr aufsteigen. Auf diese Weise erspart der Besitzer zwei bis sieben Minuten per Mieter und macht so ein gutes Geschäft.

Unter den vielen Schaubuden, welche wir besahen, fiel eine auf, in welcher man, an dunkelster Stelle, eine Schlange mit zwei Köpfen vorwies, deren einer sich am Schwanzende befand. Große Angst vor den Europäern herrschte bei dem Besitzer in dem dunklen Winkel, da bereits Dr. Hilgendorff den Schwindel mit dem künstlichen zweiten, leblosen Kopfe aufgedeckt hatte.

Wir gingen hinab zu den Teehäusern, deren Wände häufig mit Ausschnitten aus amerikanischen und europäischen illustrierten Zeitungen beklebt waren. An anderen Stellen sahen wir Puppen, welche Szenen des alltäglichen Lebens oder auch aus Japans Geschichte darstellten.

Auch zwei große Daibutz (große Buddhas) aus Bronze erblickten wir auf dieser Fußpromenade, überrauscht von herrlichen Bäumen.

Rund umher tönte stetes Lachen. Die Japaner meinen, Fröhlichkeit sei den Göttern angenehm. Sie lachen ihre Gebete und scheinen in stetem Freudentaumel zu leben.

Der große Tempel von Asakusa (sprich Asaksa) ist aus Zedernholz erbaut und hat eine große Ausdehnung. Man kann in dem Tempelgarten stundenlang umherwandeln. Geschichtenerzähler sammeln Gruppen um sich. Musikanten und Taschenspieler stauen die Menge. Blumen und Figurenstellungen, wie wir sie in Osaka gesehen hatten, folgten sich in langer Reihe. Es ist Asakusa so recht der „Wurstlprater" oder die „Hasenheide" oder das „Tivoli" Yeddos zu nennen. Auf dieser japanischen permanenten Vergnügungsausstellung befand sich auch eine Bude mit Figuren, welche ganz aus feinen Porzellantellerchen zusammengesetzt waren. Dann sah man Figuren aus Strohmosaik, auch Landschaften auf gleiche Weise hergestellt. Die schönsten Figuren sind jedoch jene, welche der Japaner aus Blumen bildet. Gäbe es in der Gärtnerei Abstufungen nach dem Stile, so möchte ich den japanesischen Gartenstil als den „Zopf" in der Gärtnerei bezeichnen, obwohl diese Bezeichnung noch besser auf den Chinesen passte. Der Japaner künstelt jedoch mehr als der Chinese, welcher mehr zustutzt. In Japan findet man baumgroße Kamelien und Dschunken aus einem Stamme. In Kioto wird ein kleiner Wald aus einem Baume gebildet, der eine ganze Insel einnimmt. Daneben geht die Spielerei wieder so weit, dass sie einen Baum als Zwerg erhalten, der doch die Berechtigung hätte, zwanzig Schuh Höhe zu erreichen. Freilich ist das in einem Lande, von dem ein geistreicher Franzose gesagt hat, dass dort „die Blumen nicht duften und die Vögel nicht singen", womit er zwar eine Unwahrheit sagt, aber dennoch den Zug nach dem Absonderlichen durch eine rethorische Lüge kennzeichnet.

Montag, den 16. März überraschten uns große Neuigkeiten, denn der Mikado, der Tenno, der göttlich verehrte Herrscher dieses Landes, sollte sich in einigen Tagen persönlich zeigen. Diese Zeitungsnachricht bestätigte Konsul Z., welcher mich freundlichst empfing und verzweifelte Jeremiaden über eine projektierte Triester Lloyd-Dampferlinie nach Japan und die österreichischen Wollenstoffe, welche nach der

Zeitung Reichenberger Fabriken anfertigen sollten, um damit die Japaner zu kleiden, anstimmte. Keine Konkurrenz sei da mit England möglich, und der Erfolg entscheide in allem. Nichts sei ja von Deutschen und Schweizern an Unternehmungen aller Art unbeachtet gelassen worden. Wir in Österreich hätten es versäumt, eine regelmäßige Linie sofort nach Eröffnung des Suezkanals zu gründen. Im Anfange des Jahres 1871 wäre es selbst noch Zeit gewesen. Nun aber sei es zu spät. Das Volk in Japan sei zu arm, um die Reichenberger Wollstoffe von so hohem Preise zu tragen, da nicht einmal die Deutschen neben den Engländern aufkommen. Hinc illae lacrimae! Graf Bethlen betont in seinem Berichte über den österreichischen Handel nach Indien, dass zwei Dinge den Transport der Artikel über Triest sowie auch jede direkte Verbindung unmöglich machten: Erstens der Mangel an Vermittlern zwischen den österreichischen Fabriken und den indischen Konsumenten. Zweitens die hohen Tarifsätze der Südbahn. Letztere fallen der Regierung zur Last.

Freilich gaben Firmen, wie Hagart & Comp. zu Hiogo und Yokohama, behufs Anbahnung von Geschäftsverbindungen mit Österreich-Ungarn die Liste jener Gegenstände an, welche importfähig wären, z.B. Webwaren – sogenannte „German-Ware" –, Zink, Zinkplatten, Nageleisen, Farben, Farbholz, etc. Aber was nützen solche Aufmunterungen, wenn man bedenkt, dass das kaufmännische Vertrauen gegenüber Österreich in Ostasien fehlte. Gerade dieses ist in England und Amerika so prononciert, während selbst österreichische Gewerkschaften und Handelshäuser sich bekanntlich nicht verbindlich machen wollten, nach dem Muster zu liefern. So geschah es, dass noch 1874 österreichische Ware unter englischer Etikette im Osten Umlauf hatte.[11] Ich hörte später von einem Deutschen noch Folgendes: „In China wie in Japan ist der Markt oft überfüllt, denn die großartige Konkurrenz bringt bisweilen zu viel von einer Gattung in den Verkehr und man kann in solchen Fällen Geschäfte durch Rückfracht nach Europa machen. So ist es gerade mit Schafwolle in Japan im Übermaße und dennoch erfand die Reichenber-

---

[11] 1879 gab es endlich eine Linie Österreichs bis Hongkong, und im Juli 1880 verließ ein Lloyd-Dampfer Triest, um Waren nach Melbourne zu bringen. Mögen diesem noch andere folgen und meine Worte, welche den österreichischen Handel in Ostasien betreffen, unwahr machen.

ger Handelskammer ein Tuch, nach welchem der arme Japaner mit beiden Händen greifen sollte." Ich zweifle daran.

Als ich wieder einmal zu Z. kam, hatte er eben die Vorlesung seines Berichtes über die englische Warenkonkurrenz begonnen, wozu er einen Herrn vom Hause K., welcher wie eine Marionette fortwährend bejahend nickte, als affirmativen Buddha gebeten hatte. Diese Lage war sehr peinlich, und ich wusste nicht, ob es sich um einfache stilistische Eitelkeit oder darum handelte, bei mir die Meinung zu verstärken, die österreichischen Waren könnten selbst mit den deutschen nicht konkurrieren?

In der Rede im niederösterreichischen Gewerbevereine, welche Hofrat Ignaz von Schäfer, vor seiner Abreise auf seinen Posten in China hielt, erwähnte er besonders die österreichische Holzweberei, in welcher mit Japan bereits vor Jahren Verbindungen angeknüpft worden waren, die aber wegen nicht geleisteter Zahlung gelöst werden mussten, und doch könnte ein solider Absatz nach Japan gesichert werden. Ferner meinte er, soll der künstlichen Blumenfabrikation in Österreich, welche besonders in Nordböhmen in ausgedehntem Maßstabe betrieben wird, der direkte Bezug von chinesischem Papiere ermöglicht werden und dieselbe nicht mehr auf die Vermittlung Frankreichs angewiesen bleiben. Nach § 13 des von Österreich mit Japan abgeschlossenen Handelsvertrages seien in allen Konsularhäfen Japans ausdrücklich englische Vertreter von Österreich akzeptiert worden. Gegenüber den zahlreichen Engländern, welche als Söhne der wohlhabendsten und bedeutendsten Familien nach Japan zum Studium der Verhältnisse an Ort und Stelle geschickt werden, lebten 1874 nur drei Österreicher daselbst ansässig. Er führte die Schwierigkeiten eines Exportes aus Österreich darauf zurück, dass wir im Binnenlande leben, während unsere Konkurrenten die See unmittelbar zur Verfügung haben. Jedenfalls – so glaube ich – ist bei einer neuprojektierten Verbindung Triests mit Ostasien die Höhe der Frachtsätze der Südbahn nicht genug berücksichtigt worden.

Graf Bethlen erzählt als Beispiel, dass 1873 die Glaswaren Böhmens die Elbe stromaufwärts nach Hamburg oder Bremen, von dort nach Liverpool und dann erst nach Indien transportiert wurden und dass der Reis, welchen man in Laibach – sechs Stunden per Bahn von Triest –

verzehrt, auf Segelschiffen von Birmanien nach England und dann über Bremen nach Österreich verschickt wird.

„Auf der Eisenbahn durchziehen die Waren den ganzen Kontinent", ruft Bethlen aus, „um wie viel vorteilhafter wäre der Transport dieser Artikel über Triest! Der Mangel an Vermittlern fällt den Triester Kaufleuten zur Last!" (Triester Zeitung 1874).

Mein Reisegefährte hatte Empfehlungsbriefe an den italienischen Geschäftsträger, Conte Litta, aus Venedig mitgebracht. Dieser war der Nachfolger eines Conte Fé, welchem La Tour als Gesandter Italiens vorangegangen war, den ich 1871 zu Florenz im Hause Cantagalli, wo er mit einigen Japanern (Kaufleuten) erschienen war, kennengelernt hatte.

Von Sake aufgeregte Leute balgten sich in den Straßen – der Reisweintaumel ist die wildeste Art von Berauschung – als ich am 18. März bei mehreren Assekuranz-Gesellschaften vorfuhr. Aber weder bei Lancaster & Co. noch bei Sun Fire Office, auch nicht bei den übrigen wollte man mein Reisegepäck versichern. Die Feuergefahr, die unsicheren klippenreichen Küsten, die Strömungen, die Erdbeben und koloniale Verhältnisse ernähren hier zahlreiche Insurance-Agenten.

Wenn man in China oder Japan in ein Geschäftslokal tritt, haben alle die Hüte auf, die Hände in den Taschen und zeigen ein so nonchalantes Benehmen, dass man in Europa verführt wäre, diese Leute zur eigenen Tür hinauszuwerfen. Aber hier, im Osten, entschuldigt sich diese Rohheit durch jene Hast, die sich in allen Geschäften ausspricht, die nicht zu viele Worte, zu vieles Anhören gestattet. Mir kam dieses Aufbehalten der Hüte so vor, als ob sie alle bereit wären, sofort bei der nächsten Gelegenheit in die Heimat zurückzukehren, sobald sie, mit einem Fuße hier, mit dem anderen in Europa oder Amerika stehend, die Taschen angefüllt haben. Der Business-Amerikaner ist durchschnittlich artiger als der Office- und Steamship-Geschäfts-Engländer", den ich nicht bloß den „Flegel auf dem Meere", sondern auch den „Rough in den Kolonien" nennen möchte, wohlgemerkt im geschäftlichen Umgange. Denn sobald er frei ist, gehört er meist zu den liebenswürdigsten Umgangsmenschen.

Der allgemein fälschlich „Mikado" genannte Tenno sollte im Lighthouse-Department die Maschine eines Leuchthauses, welches für die Küste bestimmt war, und sodann den Gasometer besichtigen. Zu diesem Zwecke erwartete man ihn auf dem Bahnhofe zwischen drei und vier Uhr. Wir eilten nach dem Spaziergange dahin und warteten bis vier Uhr. Viele Chinesen, japanische Kriegshelden zu Fuß und zu Pferde, rotjackige englische und blau uniformierte französische Soldaten standen umher, und überall bemerkte man Detectives. Das Wirken der Mouchards schien eine bedeutende Stütze des japanischen Regierungssystems zu sein, ohne dabei darauf anspielen zu wollen, dass dem in einigen Staaten Europas nicht auch so sei.

Eine kaffeetuchartig ausgeschlagene Karosse mit vergoldeten Rädern, Kutscher und Diener à la Louis XV. gekleidet, die natürlich wie eben aus dem Affentheater entsprungene erste Helden aussahen und ein reich verziertes Reitross für den Herrscher standen bereit. Zu lächerlich waren die Ulanen, die kaum das Gleichgewicht auf ihren Rossen fanden, und die Soldaten der französisch gekleideten Leibgarde, welche eine Stunde früher aus Yeddo angekommen war. Das ganze Fest hatte den Anschein, als ob der große Tenno den Europäern wieder einmal zeigen wollte, wie viele neue europäische Kleidungsstücke er seit der letzten Bereisung des Landes, von Yeddo bis Yokohama – ¾ Stunden per Eisenbahn – sich angeschafft und mit welch riesigen Schritten er sich wiederum kopfüber in die Zivilisation gestürzt habe.

Wenngleich sehr belästigt von der scharfen Märzluft, harrte ich doch aus bis der Zug nahte. Endlich dampfte die Miniaturlokomotive in den Bahnhof und die Herrschaften, von spitzwinkelig gekrümmten Sklaven- und Bedientenseelen umlächelt, betraten für eine kurze Rast das erste Stockwerk des Gebäudes. Nach einiger Zeit beehrten sie wiederum die Halle und kamen zu den Wagen. Auch hier kümmerte sich der göttlich verehrte Machthaber weder um seine Gattin, noch um deren Hofstaat. Der Tenno war in hohen Kanonenstiefeln und braunem Frack mit goldenen Knöpfen, Dreispitz mit großer Verschwendung von weißen Straußfedern und anliegenden weißen Reithosen erschienen. Das war der Herrscher des „Reiches der Sonne", des „Aufganges der Schutzgöttin Japans". Der „Sohn des Sonnenkami", die heilige Majestät, erwiderte weder japanische Ehrfurchtsbezeugungen, noch europäische Grüße. Das war der göttlich verehrte Souverän Mutsuhito, der seinem Vater, Kaiser Komei Tenno 1867 gefolgt und mit welchem die Periode „Meiji" begonnen hatte und ein Kaiser über 32 Millionen. Heute wieder mächtig. Seine Ahnen waren nur die Schatten des mächtigen „Taifun" (großer Fürst) oder „Shogun" gewesen. Er regiert liberal mit acht Ministern, dreißig Senatoren und kreierte 1875 eine Versammlung der Provinzialbeamten, einen schwachen Anfang eines Parlamentes, in welchem die Opposition nicht groß sein durfte.

Die Begleiter der Fürsten verloren sich in einem Meere von Fracks und Zylinderhüten, die ihnen alle zu weit und zu groß waren.

Kühn bestieg der Tenno das Ross. Jedoch welche Enttäuschung! Anstatt in leichtem Galopp hinauszusprengen, wurde das Tier von zwei Dienern im Schritt geführt. Das viel zu große Schwert versetzte sein feuriges Ross in ängstliche Bewegungen. Hierauf folgten die Ulanen in lebendigstem Kunterbunt, indem sie die Pferde mit den Lanzen antrieben, da ihr Platz eigentlich an der Spitze des Zuges gewesen wäre. Sie ritten bei dieser Gelegenheit den Herrscher beinahe über den Haufen. Hierauf folgte die Kaiserin mit drei Damen ihres Hofstaates. Sie alle glichen mit ihren schweren Brokatkleidern von hoher Schönheit und ihren, mit Farbe dermaßen überdeckten Gesichtern, dass man die Züge kaum unterscheiden konnte, Porzellanfigürchen von Old China. Sie nahmen im ersten Wagen platz, während im zweiten der Premierminister mit den Höflingen saß. Das dritte Vehikel war nur ein gemieteter Char-à-bane, in welchem noch einige lustige Dämchen vom Hofstaate saßen. Den Zug schloss abermals die Kavallerie auf störrigen Rossen und eine Kompanie jener Infanterieabteilung, die wir während des Wartens so sehr belächelt hatten, weil sie diese Zeit dazu benützte, um die Gewehre an die Mauer zu lehnen, ohne Erlaubnis des Offiziers die Reihen zu verlassen und sich bei den Krämern Kleinigkeiten einzukaufen. Die Gemütlichkeit des Verkehrs zwischen Offizieren und Mannschaft ließ nichts zu wünschen übrig, denn in dem Gefühle der Unsicherheit gegenüber der europäischen Ruhe standen sie auf gleicher Stufe. Am meisten aber erregte das Zwerchfell die Art der Offiziere, sich gegenseitig zu begrüßen, ein Gemisch europäischer und inländischer Höflichkeitsformen. Erst wollten sie kniereibend sich gegenseitig zur Erde beugen. Dann fiel ihnen bei, zur europäischen Uniform gehöre auch ein europäischer Gruß. Aber naturam expellas furca, tamen usque recurret, denn alsbald waren die Säbel unter den Armen und schlürfend, kniereibend grinsend, ließen sie ihrem angeborenen Artigkeitssinne wiederum freien Lauf in heimischer Form. So die Mannschaft, so Zivil- mit Militärpersonen. Der Platz gewann dadurch den Anblick eines wogenden Meeres, da die Köpfe an vielen Stellen zugleich begrüßend in der Masse verschwanden, während die wiederum sich erhebenden die Wellenberge bildeten. Dazu tönten die aus Höflichkeit beschleunigten Atemzüge wie entferntes Plätschern.

Sehr erheitert, aber wenig erbaut, verließen wir diese festliche Stelle und sahen das Lighthouse Department, mit Triumphpforten und Fahnen geschmückt, zum Empfang des Herrschers bereit.

Das Zubodenfallen der Japaner, so häufig von Reisenden beschrieben, habe ich nicht bemerkt. Es soll über ausdrücklichen Befehl des Fortschritts-Kaisers die göttliche Verehrung äußerlich untersagt sein. Sie sahen dem Herrscher ruhig in das Antlitz. Der Tenno war zum ersten Male auf den Werften von Yokosuka in der Öffentlichkeit erschienen, später wieder bei der Eröffnung der Eisenbahn nach Yeddo. Der geschilderte Besuch dürfte sein vierter oder fünfter gewesen sein.

Die Zeitungen verherrlichten natürlich in überschwänglicher Weise die Ankunft des göttlichen Herrschers. Die Presse in Japan ist ziemlich entwickelt. 1874 gab es in Yeddo nicht weniger als 18 Zeitungen, von denen einige täglich, andere jeden fünften Tag erschienen.

Der bereits erwähnte Nishin Shinjishi, ein Tageblatt, von dem durchschnittlich 1.500 Kopien abgesetzt wurden, der Tokio Nichinichi Shimbun, ein Tagblatt, mit demselben Umsatze. Von den anderen fünfzehn Journalen erschienen einige täglich und setzten jedes etwa 200 Exemplare ab. Ein japanischer Punch – in englischer Sprache – war in Yokohama gegründet worden, neben welchem Japan Herald, Japan Weekly Mail und andere eine gut redigierte, in europäischem Stile gehaltene Presse repräsentierten.

Am 23. März abends neun Uhr wurde die Erde durch einige Stöße erschüttert, ohne dass Bl. und ich zunächst dem Kaminfeuer etwas fühlten. Es war ein gewöhnliches schwaches Erdbeben, wie man es monatlich zweimal durchschnittlich in Yokohama verspürt. Viele Leute schlafen bei offenen Fenstern, um im Momente stärkerer Erschütterung in den Garten springen zu können. Ein Herr K. behauptete sogar, infolge der häufig bei Erdbeben ausgestandenen Angst herzleidend geworden zu sein. Ich hatte im Jahre 1873 zu Klagenfurt ein heftiges Erdbeben durchgemacht, ohne darüber aufzuwachen. Der japanische Erdstoß war jedoch ein ganz ordinärer Ausbruch plutonischer Heiterkeit des alten Fujiyama, der übrigens auch für uns nicht vereinzelt bleiben sollte.

Der P. & O. S. S. Cys Steamer Bombay fuhr nach Europa ab. Es ist derselbe, welcher zu Ende der sechziger Jahre das amerikanische Kriegsschiff Oueida in der Bai von Yeddo in Grund bohrte, als die ganze amerikanische Mannschaft betrunken war, die gewöhnlichen Ausweichregeln nicht beachtete und den Zusammenstoß so hervorrief. Auch der Bombay kam nur mit knapper Not vor dem Versinken bei Yokohama an. In Folge dieses Ereignisses wurde auf dem Friedhofe eine Pyramide errichtet. Außerdem liegen noch andere gewaltsam getötete Europäer auf dieser Ruhestätte der Toten. Der auf Befehl Satsumas auf dem Tokaido erschlagene Richardson, dann zwei Offiziere, Baldwin und Bird, elf französische Soldaten, ferner der in Folge einer Verwechslung umgebrachte holländische Schiffskapitän, gestorben 1860 und viele ertrunkene und anders ums Leben gekommene Seeleute. Szenerie und Durchblicke zwischen den Kamelienbäumchen daselbst sind reizend. Man möchte gar nicht an die schändlichen Verbrechen und ihre Opfer glauben, wenn man die zwischen heimischen Disteln, Farrenkräutern, Zypressen und Efeu ruhenden Grabsteine besucht. Besonders stark vertreten ist die Sophora Japonica (japanische Trauerweide), dann sah ich die Kanadische Akazie, daneben auch die Zeder, endlich den für Schiffbau und Kistentischlerei wichtigen Kampferlorbeerbaum, ferner die Aucuba Japonica mit buntgestreiftem Laube – der erste nach Europa importierte scheckige Baum.[12]

---

[12] 1817 schrieb A. v. Humboldt, dass an den Küsten Englands, wo keine Trauben reifen, doch „Myrthen, japanische Kamelien und Orangen" im Freien gedeihen. Die Milde dieses Inselklimas rührt „von der Verteilung der Feuchtigkeit her". Sollte dies nicht auch in Japan eine Ursache des üppigen Pflanzenwuchses sein?

Am 25. sprach man im Breakfastroom noch immer von einer mehrtägigen Verspätung des Nil. Ich begegnete morgens zehn Uhr Herrn O., dem Präsidenten des deutschen Clubs und ging mit ihm bis zu äußersten Ende der Bluffs, wo die Herren vom Hause Ku. & Cie" wohnten. Ich nahm mit diesen das Frühstück ein und fand dort auch einen Attaché der deutschen Gesandschaft aus Yeddo, welcher wegen der deutschen Kaiserfeier nach Yokohama gekommen war. Er war ein feiner, wohlerzogener junger Mann.

Das Haus dieser Herren schien mir das Ideal einer Junggesellenbehausung: Am äußersten Ende der Bluffs gelegen, umgeben von Obst- und Ziergärten, Kamelienbäumen und Föhren, gewährte dieser Bungalow eine hübsche Aussicht auf das Meer und die nächsten Hügel, sowie auf die tief unten grünenden Reisfelder. In den Ställen standen Reitpferde und Kühe, in den Schuppen Wagen. Ein Taubenschlag erhob sich inmitten des Höfchens. Hühner waren in großer Zahl vorhanden, und über die Dienerschaft herrschten zwei wohlgebildete Haushälterinnen japanischer Abkunft.

Der China traf richtig von Hongkong ein. Abermals war lebhaftes Treiben in den Straßen. Es brannte in Benten Dori. Aber bald wurde das Feuer gelöscht, denn die Pumpen kamen rasch zur Stelle. Der Train, welcher die Pumpen zog, wies das lächerlichste Gemisch von Typen auf, die nur so zufällig zusammengeworfen waren. Es gibt auch in Japan schon Dampfspritzen, wie in jeder noch so kleinen amerikanischen Stadt. Neben dem Chinesen zog der englische Matrose, der hochbehelmte europäische Feuerbrigadier, der blaugekleidete Japaner, der rotjackige englische Soldat und mancher, welcher nicht einmal Zeit gehabt hatte, die Kopfbedeckung mitzunehmen.

Eine schauderhafte Nachricht lief im Laufe des Nachmittags ein. Das französische Schiff, der M. M. Nil, war laut Telegramm zu Grunde gegangen, nur vier Personen von zweiundneunzig sollen gerettet worden sein! Welch grässliches Ereignis! Da man uns zu Ende März noch auf der Reise von China nach Japan glaubte, so telegrafierte ich sofort zehn Worte bei Reuter's Telegraph Office über Sibirien und London nach Wien, dass wir wohlbehalten eingetroffen seien. Das Telegramm kostete 26 Dollars 25 Cents (etwa 54 fl. ö. W.). Wir konnten wahrhaftig von großem Glücke reden, denn, hätten wir unseren ersten Plan verfolgt und Java berührt, so wären wir direkt von Hongkong nach Yokohama gereist und wahrscheinlich um diese Zeit und auf diesem Schiffe von Hongkong abgegangen. Mein Reisegefährte, welcher ein Kistchen aus Österreich erwartete, glaubte es auf dem untergegangenen Schiffe. Anfangs sprach man von 146 Personen an Bord, es stellte sich aber heraus, dass eine Sendung französischer Seesoldaten in Hongkong zurückgeblieben war. Aus den Nachrichten war zu entnehmen, dass eine „Madame Avril" an Bord gewesen sei. Nun denn, das waren doch genug der Excitements in achtzehn Tagen: Zwei Feuersbrünste, ein Erdbeben und ein Schiffbruch in nächster Nähe an einem Orte erlebt. Quite enough Sensation! Der Nil von schwerer See getrieben, seine Stellung nicht kennend, war nächst Shimoda vor Rock Island, siebzig Meilen vor Yokohama, aufgelaufen, aber erst nach fünf Tagen kam die Nachricht durch laufende Boten. Er hatte von Freitag auf Samstag nachts eine Gale aus Süden durchzumachen, welche der China am 20. erfuhr und war erst an Felsen angerannt, wobei sich ein Compartiment füllte. Als man nun versuchte, nach rückwärts zu dampfen, rannte er gegen einen anderen Felsen und brach die Maschine. Von diesem Augenblicke an war das Schiff geliefert. Schwimmend rettete sich einer, drei kamen in einem Boote ans Land. Der Schaden war trotz der versicherten Fracht sehr hoch. Der Bourayne, ein französisches Kriegsschiff, heizte sofort, um an die Stelle dieses Dramas abzugehen und wenn möglich noch Rettungen vorzunehmen. An Bord des China behauptete man, etwas wie ein Wrack an der Küste gesehen zu haben, ohne zu ahnen, es gehöre neuerem Datum an, und nach dem amerikanischen Wahlspruche „Time is Money" dampfte das Schiff ruhig vorbei. Betrübt und erschüttert blickte ich bei rauer Nacht auf die Reede. Plötzlich hörte man Trompetenklang. Ein Franzose neben mir behauptete, der Nil habe ein Orchester an Bord gehabt. Aber bald war die Täuschung klar: Das Signal kam von dem japanischen Dampfer, dessen Lichter sich zum Standplatze der Kriegsschiffe bewegten.

Es kamen mehrere ganz durchnässte Touristen, in deren Mienen man die Enttäuschung und Ermüdung deutlich sah, von einem Ausfluge mit Jinrikishas zurück. Des Abends wurden wir nochmals durch einen heftigen Lärm im Hause geweckt. Ein Diebstahl, etwas Alltägliches in Japan, war die Ursache. Chinesische und japanische Dienerschaft stritt um die Ehre des Vorzuges. Wie Elstern gingen sie auf jedes Messingblech los, wenn sie nur halbwegs die Sicherheit hatten, ohne Strafe durchzukommen. Ein deutscher Seeoffizier erzählte mir, dass der Kapitän eines deutschen Segelschiffes in einem kleinen Hafen Chinas sehr guten Rheinwein geführt habe, leider aber in seinem angeheiterten Abendtaumel oft nicht wusste, wie viele Flaschen durch seine Kehle gegangen waren. Aufgrund dieser seiner Unfähigkeit, statistische Notizen niederzulegen, hatte sich der Boy des Kapitäns seinerseits mit dem Hotel des Küstenplatzes in Verbindung gesetzt, und der erste Offizier, welcher mir die Sache später selbst erzählte, wenn er nicht gerade zur Kapitäns-Tafel gezogen war, trank für Geld den selben Wein an Land, wovon der Boy die vollen Flaschen dahin trug, um die geleerten nachher bei Abzählung in den nächsten Morgenstunden des Kapitäns in der Vorratskammer als „vollzählig und ausgetrunken" vorzuweisen. Aus derselben Quelle erfuhr ich noch eine zweite Anekdote, die nicht minder ergötzlich ist. Der Diener eines anderen Kapitäns hatte sich in jeder Richtung wohl befunden und schien mit seinem Lohne zufrieden. Eines Tages erschien er vor dem Herrn und sagte, er könne unmöglich länger bleiben. Man erwiderte ihm, er sei doch scheinbar zufrieden gewesen und habe hier größeren Lohn als irgendwo anders. „No can maki stolen" (hier kann ich nicht stehlen), war die Antwort und der triftige Grund, welchen der Boy zu seiner Entschuldigung anführte!

Bis zum 26. März waren wir noch immer nicht dazu gekommen, einen Ausflug in das Innere des Landes zu machen. Nun aber trat ein auffallender Witterungswechsel ein. Dieser kam so rasch, dass wir noch des Morgens im Kamine Feuer hatten, des Abends im Freien von der Hitze litten. Die See war ausnahmsweise ruhig. Die Lichter auf den Masten spiegelten sich in den leicht wogenden Wellen der Bai, und aus der Ferne tönte über die nasse Fläche das Klopfen der Fischer auf die Bretter ihrer Barken. Man nennt dies „Bezauberung der Fische". Von den Leuchtschiffen glänzte ruhig das rote, helle Licht. Alles war so friedlich, als ob niemand eine Oneida oder ein Nil von diesen Wassern verschlungen worden wäre und die Trümmer der verbrannten America nicht in derselben Flut rosteten.

Auch die englische Mail hatte Verspätung und aufgeregte Gemüter glaubten an ein zweites Unglück. Das Ereignis des Nil hatte im ganzen

Süden und Osten Asiens große Sensation hervorgerufen. Aus Java schrieb Herr S. an einen Herrn G. in Wien, welcher sich um unser Befinden erkundigen sollte, da man uns an Bord des Dampfers wähnte. Der Nebel hing tief herab, als die transpazifische Post an Bord des Japan eintraf. Bald darauf verließ die Mail, nach San Francisco bestimmt, an Bord des China den Hafen und zwar bei dickem Nebel, unter lautem Ausströmen des Dampfes. An Bord befanden sich: Unser gefallsüchtiger Pariser-Yankee, dann die vier Globetrotters und andere. Ich hatte den China besucht und fand die Dimensionen riesig. Aber das Schiff war schon abgelebt und sehr der Reparatur bedürftig. Während es sich die Richtung gab, um in den Kurs zu steuern und sein großer Körper sich zwischen den anderen Schiffen leviathanartig vorwärts zu bewegen begann, spielte ein Trompeter an Bord eines der Kriegsschiffe auf der Reede zum Abschied das Lied „Home, sweet home!" („Heimat, süße Heimat!"). Diese Töne schmetterten herzgewinnend aber auch so melancholisch über die grau umhüllten und undeutlich aus dem Nebel ragenden Schiffskörper herüber, dass ich Mühe hatte, mich vor einer Regung der Wehmut zu schützen. Reisten doch die letzten unserer Gefährten, mit Ausnahme der Cl., an Bord dieses Dampfers ihrer Heimat zu, während wir, um der Ungunst des Klimas und des Wetters zu trotzen, für unbestimmte Zeit zuwarten mussten, da wir Japan nicht ohne Ausflug in das Innere verlassen wollten. Aber zu Gemütszuständen war hier nicht der Platz, und gar die nagende Schlange des Heimwehs sollte sich niemals durch die Notizen eines Reisenden in so fernen Ländern ringeln. Das ist gegen Landessitte und Touristenbrauch.

Noch lange hörte man das dumpfe Heulen der Dampfpfeife. Jene des Engländers wurde jeden Augenblick erwartet. Später fiel der Regen in Strömen, und der Nebel verdichtete sich. Die Ausfahrt des China wurde vielfach besprochen, und die Sachverständigen meinten, das Schiff könne unmöglich aus der Bai treten. Man fürchtete sogar die Möglichkeit eines Zusammenstoßes, da nebst dem Bourayne auch ein Japaner zugleich mit der englischen Post erwartet wurde. Nun hörte man neuerdings ein Pfeifen durch den Nebel. Der China passierte das Leuchtschiff, dessen Nebelhorn sich von Zeit zu Zeit vernehmen ließ. Die Luft war drückend schwer, der Barometerstand beängstigend, und die Nebel verdichteten sich wieder. Niedlich scherzend nannte man solches

Wetter hier „Erdbebenwetter" und lächelte dazu! Zu einer ähnlichen Stimmung fand ich keinen Grund. Unruhig und erwartungsvoll stand eine kleine Gruppe von Bewohnern des Hotels bei dem Fernrohr und, um die Sensation vollständig zu machen, erzählte einer noch von dem Feuer in Yeddo, das zwei Tage zuvor stattgefunden hatte. Nach fünf Uhr zerriss der Nebel, Hornsignale und Dampfpfeife hatten längere Zeit geschwiegen, und nun erblickten wir plötzlich die englische Mail, weit draußen verankert, dann einen Japaner und noch ein unbekanntes Schiff, welches die Einfahrt nach Yokohama nicht hatte finden können. Nachträglich hörte ich in San Francisco, dass damals auch der China den Weg nicht gekannt habe und einer Felswand sehr nahe gekommen sei, die keineswegs in der Richtung seines Kurses lag. Das „Go ahead" der Amerikaner ist die Ursache vieler solcher Situationen.

Der Engländer benützte seinerseits den richtigen Moment, um sich der Reede zu nähern. Es war der Madras der P. & O.-Line. Derselbe hatte die Post von Anfang Februar aus Europa an Bord und lag schon seit dreizehn Stunden im Nebel vor Ufer. Er trat nun langsam unter die Schar kleiner Boote, und sofort fiel der Nebel wieder ein. In dem Augenblicke als der Madras wiederum Anker warf, ertönte von gleicher Stelle wie vorher bei der Abfahrt des China des Trompeters „Home, sweet home". Der arme Musikant hatte an Posttagen wahrlich heiße Stunden. Horn und Post sind übrigens auch bei uns unzertrennliche Dinge, und ein heimatliches Lied, in so weiter Ferne die Nachrichten, welche sechs bis sieben Wochen zuvor Europa verlassen hatten, begrüßend, wirkt gewiss wohltätiger als die Verbindung von Post und schmetterndem Postillionliede auf den Landstraßen des graugrünen, farbenmatten Mitteleuropa. Abends erhob sich heftiger Sturm, und die Nebel zerrissen gänzlich. Es schien der Frühling definitiv die Oberhand erlangt zu haben.

Einige meteorologische Bemerkungen über Japan füge ich an dieser Stelle ein: Man sagte, dass die Kälte im Winter durchschnittlich nicht bedeutend sei, und in den letzten Jahren wollte man zu Yokohama mildere Winter als vorher bemerkt haben. Welchen Einflüssen diese Veränderung beizumessen sei, kann man schwer sagen, denn die Gebirge und die Insel Yesso sind zur Winterzeit gerade keine Glutöfen. Yesso, dessen Einfluss bei Nordwind unzweifelhaft ist, hat ein ausnehmend kaltes, seiner Lage nach ganz unberechtigtes Klima, und die Ansiedlung Hakodate ist noch oft in Schnee gehüllt, wenn in Hiogo, etwa 8° südlicher, schon alles blüht und grünt. Im Jahre 1874 war die tiefste Temperatur + 1 ½° R.

Die Insel Yesso oder Yezo ist reich an Mineralien, obwohl die Nachrichten von Goldfeldern stets übertrieben waren. Freilich besitzt die Insel Goldfelder in anderem Sinne, d. h. die größten Kohlenlager Japans. Unter mehreren besonderen Pflanzen ist eine purpurfarbige Lilie hervorzuheben, welche jedoch wenig Duft hat. An Obst soll die Südküste überreich sein. Zucker-, Ahorn-, Ulmen-, Eichen-, Walnuss- und Kastanienbäume wachsen überall, und die Ureinwohner, die Ainos, verfertigen selbst ihre Kleider aus grobem Holztuche („Oshio" genannt).

Zwischen Föhren und Fichten finden sich Alpenrosen. Hakodate ist der einzige offene Hafen Yessos, welcher hauptsächlich Früchte der See und des Landes exportiert. Aber auch dort, und zwar in erhöhtem Maße, macht sich der Mangel an Bodenkultur geltend, und die reichen, mineralischen Produkte können auf keiner gebahnten Straße den Küsten zugeführt werden. Korn, Weizen und andere Früchte müssten unter dem nahezu deutschen Klima gedeihen. Leider gibt es in Japan keinen Grundbesitz, sondern nur Pachtverhältnisse.

Bei dem Zuwarten war natürlich die Möglichkeit geboten, mit verschiedenen Personen zu verkehren. Existenzen lernte man dabei kennen, welche die kühnste Fantasie zu Schanden machten, z.B. ein Deutscher, welcher in Alexandrien Lehrer, in Saigon Klavierstimmer, in China Kaufmann gewesen war und nach dem Scheitern aller Pläne noch zuletzt auf einem Dampfer reiste, welcher sank. Er verlor alles und begann von Neuem. Während mein Reisegefährte in Yeddo einige Tage skizzierte, verkehrte ich im Reading Room mit einigen Engländern, unter welchen ein delikater Jüngling, hellgelb und hochrotbackig, welcher als Freund der Bonzen und Segelschiffkapitäne sich stark in die Brust warf. Er war einer jener Geschäftsleute, welche immer nur zum Vergnügen reisen und behauptete, wenn er von Zeit zu Zeit in Yeddo in der Gesellschaft der Bonzen in den Tempeln dem Weltgetriebe entsagen könne, sei er der glücklichste Sterbliche. Er hatte den Spleen. Der Buddhismus durfte auf diesen neuen Jünger stolz sein.

Wüstes Geschrei, gleich dem, welches die Lastzieher in den Straßen vollführten, störte täglich meine Abendruhe. Es waren Ruderknechte, welche sich gegenseitig aufmunterten und in der Kanalmündung unterhalb meines Fensters, zunächst dem French und English Camp, nächtliche Ständchen im Zustande der Sake-Berauschtheit brachten. Wild beschien der Mond, der durch das Gewölk brach, das Wasser, die belaubten Hügel hinter den Baracken der Soldaten und die durch häufige Erdbeben zerrissenen Kaimauern.

Man hatte gegen Formosa den Krieg erklärt. Ganz China stand gegenüber, obwohl die dortige Regierung den Racheakt für Misshandlung japanischer Seeleute auf Formosa vollkommen der Willkür Japans überlassen hatte. Aber dennoch kam später im August fast zugleich mit der Ernennung Herrn v Brandts zum deutschen Gesandten in Peking die Nachricht von dem bevorstehenden Kriege zwischen Japan und China. Dies blieb bis Oktober 1874 ein Gerücht. Die Unterhändler Tsunglyamen (China) und Okuba (Japan) verhandelten fortwährend, und Kriegsgerüchte waren bis zu dieser Epoche verfrüht. Der Globe schreibt unter dem 1. Oktober 1874 anlässlich der misslichen Verhältnisse zwischen China und Japan, dass der britische Gesandte in Peking mit dem britischen Kommandanten des Geschwaders in China zu Shanghai eine Konferenz gehabt habe. 1875 war die Angelegenheit friedlich beigelegt.

In Shooting Valley bog ich bei einer Morgenpromenade gerade in die Schusslinie ein und stand fast vor den Läufen der Rifles, welche schon auf das Ziel gerichtet waren. Ich passierte rasch die gefährliche Stelle, und der kommandierende Offizier hatte die Gefälligkeit, mit dem Kommando so lange einzuhalten, bis ich dicht an die Soldaten herangekommen war. Dann ertönte der Feuerruf und etwa sechshundert bis achthundert Schuh weiter oben schlugen knatternd die Kugeln in die Zielbretter ein, während das Echo der Schüsse zwischen den Seitentälern weiterrollte, friedlichen Passanten zur Warnung!

Bei dem Tiffin im deutschen Konsulate traf ich den soeben über die Gebirge angekommenen deutschen Konsul aus Niigata, am japanischen Meere gelegen, welcher mit etwa sechs anderen die ganze Kolonie daselbst bildete und acht Tage lang über Schneeberge gewandert war.

Hierauf lud mich ein Deutscher zu einer Spazierfahrt auf dem Tokaido ein, welche ich gern akzeptierte. Es ging über Kanagawa bis Kawasaki.

Diese Strecke sieht man selten genau. Der Tokaido, Schauplatz des Robertsonschen Dramas, ist voll reizender Abwechslung. Wir bogen erst um die Bai. Die Pferdchen, Yokohamas beste Läufer, zogen tüchtig an, und nur die Eisenbahn, solange wir neben der Trace herfahren mussten, flößte etwas Besorgnis ein. Bis eine Stunde vor Yeddo legten wir den Weg in eineinhalb Stunden zurück, und wir hätten also die ganze, auf drei bis vier Stunden berechnete Strecke Yokohama – Yeddo leicht in zweieinhalb Stunden gemacht. Ein Wiener Fiaker hätte sich einer solchen Fahrt nicht zu schämen gebraucht. Wir besuchten ein japanisches Haus zu Kawasaki, zu dessen Bewohnern mein freundlicher Führer in näherer Beziehung stand, und ich sah dort eine junge, ziemlich wohlgebildete Japanerin mit zwei Kindern, deren eines mit blauen Augen und blondem Haar die deutsche Abkunft nicht verleugnete. Das Ameublement dieser japanischen Wohnung war durch einen Stuhl und eine Flasche Bier, die ich sofort austrank, europäisiert worden. Später nahmen wir Tee in einem der besuchteren Teehäuser, wo man mir blattlose Bäume mit grauer Rinde jedoch in voller roter Blüte zeigte. Ich konnte auf den Namen dieser Pflanze nicht kommen. Dort plauderte mein Gefährte mit einigen hübschen Japanerinnen, welche, niedlich gekleidet, bei den Schmeicheleien, die er ihnen in der Muttersprache an den Kopf warf, unter andauerndem Kichern und Grinsen den ganzen Leib in Schwingungen versetzen.

Auf der Heimfahrt sah ich wiederum Strohdächer mit Schwertlilienpflanzungen und die Art und Weise, wie man diese Dächer renoviert. Das Wiederherstellen derselben besteht in einem einfachen Abscheren mit großen, den bei der Schafschur verwendeten nicht unähnlichen Maschinen.

La bella Espanola, eine schöne Erscheinung, wohl das Kind eines Spaniers und einer Japanerin, nicht mehr in der ersten Blüte, kredenzte auf halbem Wege den Tee. Keine Partie, kein Reiter, kein Fußgänger zog damals auf dem Tokaido, ohne hier oder in Kawasaki Erquickung zu sich genommen zu haben. Alsbald langte auch ein Deutscher zu Pferde dort an und begrüßte uns bieder. An vielen Stellen, besonders in den Dörfern, war die Straße sehr vernachlässigt und von Löchern derart unbefahrbar gemacht, dass ich kaum begriff, wie der Kutscher im Tempo bleiben konnte, ohne die Wagenachsen zu brechen. Ein Diner bei dem niederländischen Residenten schloss den Tag ab, bei welchem vor sechs Personen Kuriositäten und hochinteressante Bilder aus der „Flora japonica" von Siebold, antike Kris und andere Sachen aus Java vorgezeigt und die Tagesfragen besprochen wurden.

Diplomatische Diners mit solcher Konversation stehen hoch über den Zusammenkünften des fashionablen Europa, bei welchem die Gesprächsstoffe nicht über die Bedeutung zeremoniellen Phrasengeklingels hinaustreten.

Das Klappern der Fußholzstöckchen auf dem Asphalt des Perrons, etwa wie fernes Kuhgeläute, begrüßte mich, als ich wiederum nach Yeddo eilte. Ich erblickte den Fujiyama zum ersten Male, welcher ganz rein und schön, durch eine helllila gefärbte Wolke von den anderen Bergen getrennt, weiß glänzend von der durchsichtigen Luft sich abhebend, über den blauen und dunkelgrünen, lila und braunroten Tinten der anderen Züge in die Höhe ragte. Der Vordergrund war hellgrün von den jungen Saaten und im Frühlingsschmucke prangten die gelben Rapsfelder.

Nachdem ich Kempermann nicht zu Hause getroffen hatte, nahm ich Lunch bei Greeven ein, wo auch Blaas und zwei Herren aus Yokohama zum Frühstück eingeladen waren.

Dann wurde eine Partie beschlossen und zwar in folgender Anordnung: Ein deutschsprechender Japaner und Herr Seger, sein Lehrer, fuhren in zweirädrigem, ich und die beiden Deutschen saßen in einem einspännigen Lohnwagen (Char-a-bane). Voran lief der Betto mit seinem scheußlichen Geheule. Greeven ritt auf seinem netten Pferdchen und Blaas fuhr in einem Jinrikisha bald voraus, bald hinten nach. Abwechslungsvoller hätte die Karawane nicht zusammengestellt sein können, denn diese schöne Prozession bestand aus einem Reiter, einem Vorläufer, zwei Wagen und einem Handwägelchen mit zwei menschlichen Zugtieren bespannt. Sie bewegte sich, nicht immer zusammenhaltend, über die zahllosen fassrunden Brückchen, über Stock und Stein, durch breite und enge Straßen, durch das „erdbebenfeste" Quartier Yeddos, dann wieder an Kanälen hin und bei Mauerdemolierungen vorüber. Endlich kamen wir zu den Daimyo-Stores oder großen Unterstandshäusern für das Gefolge und die Vasallen der feudalen Machthaber, die, ein Bild des Verfalles dieses Kriegeradels, leer und öde, finster und unwirtlich in gerader Linie die breiten Straßen um des Herrschers Palast begrenzen. Zuletzt sahen wir die Ringmauern der alten Burg mit ihren malerischen Gräben, strichen wieder durch eine Straße voll Marktbuden und Gewimmel, bogen um eine Ecke. Das geschnatterte Gebelfer des Bettos tönte mir in den Ohren, und die breite Avenue, begrenzt von dem höher liegenden Haine von Ueno, erfüllt von lebendigem Straßengetümmel, lag vor uns. Auf diesem weiten Platze wäre ein betrunkener japanischer Soldat beinahe durch den Wagen von S. überfahren worden. Ich vernahm einige besänftigende Worte an die Menge und alles war gut. Einen ähnlichen Fall bemerkten wir am Rückwege: Der Jinrikisha eines Japaners stieß auf einen Passanten. Der Mann fiel und verletzte sein Knie. Sofort hielten alle an und untersuchten die Verletzung. Man schien der Entschädigung in solchen Fällen hier niemals aus dem Wege zu gehen.

Zu Ueno, an jenem schönsten Punkte Yeddos angelangt, fanden wir alle Kirschbäume in reizender Blüte, die Leute lebendig und froh wie zu einem Frühlingsfeste vorbereitet. Der Eindruck war lieblich. Yeddo feierte auch ein Fest. Das bewiesen die häufigen Fähnchen auf den Dächern.

Von Sake betrunkene Soldaten sangen. Volksgetümmel aller Art, welches sich um die Sockel zerstörter und abgebrochener Tempel gruppierte, machte das Bild lebhaft. Man stieg vom Pferde und aus dem Wagen. Auch ein deutscher Apotheker war mit uns. Er führte uns zu dem „Baume des Zahnwehs", einem alten Stamme, um welchen, wie bei den Votivbildern in unseren Wallfahrtskirchen Krücken und Herzen aufgehängt sind, hier hohle Zähne und Zahnbürsten als dargebrachte Spenden umherlagen. Wir lachten und die Japaner mit uns.

Die reizende Stunde in dem Haine ging nur zu rasch vorüber. Das Atmen war so leicht, die Luft so köstlich frisch, dass ich mich von diesem Walde nicht trennen wollte. Aber eine Einladung zwang uns, die Bahn zu erreichen, und so flogen wir denn in raschestem Tempo durch die endlosen Straßen Yeddos, bis wir gerade noch zu rechter Zeit bei der Eisenbahn eintrafen. Mit den Deutschen fuhren wir nach Yokohama und eilten sofort zum Abschieds-Dinner des Mr. A., welches um sieben Uhr abends im Oriental Hotel abgehalten wurde. Als das Eis gebrochen war, begann ein improvisierter musikalischer Abend mit heiteren Späßen und Liedern. Der Engländer ist nur durch die Form verfeinert. Rauere Naturen sind aber gezwungen, ihrem Temperamente festere Zügel anzulegen als der an und für sich liebenswürdigere Südländer. Desto greller tritt der Grundton des Charakters bei den Engländern hervor, sobald die Fesseln des Zeremoniells und des äußeren Schliffes durch die Wirkungen des Weines gelockert werden. Mein Reisegefährte sang, begleitet von einem netten Engländer, viele heimatliche Lieder. Die meisten waren schon von Bacchus betört.

Ich staunte über die wilden Bärentänze und rohen Ausbrüche der Lust in Form von Gesängen bei diesen feingebildeten Engländern aus der „ersten Gesellschaft" der Kolonie. Ich floh ins Hotel Oriental, ehe die übrigen an dem Hause eines der Gäste die Fenster einzuwerfen begannen. Die angeregte Menge konnte sich, wie Ahasver, nicht zum Stillstande bringen. Ich kam um halb zwölf Uhr in sehr ermüdetem Zustande nach Hause. Später erzählte man mir von verschiedenen jugendlichen Ausbrüchen, deren einer wohl übel hätte ausfallen können: Ein im Jinrikisha schlafender Ninsogo wurde nach rückwärts übergedreht und auf der Straße liegen gelassen. Der Schreck hatte den Mann fast getötet.

Am 4. April nahm ich zehn Uhr morgens den Train, um bei Herrn von Brandt zum Frühstück zu erscheinen. Im Zuge befand sich ein Holländer, der das Haus zwischen dem deutschen Konsulate und der französischen Gesandtschaft bewohnte und der englische Gesandte, Sir Harry Parkes. Später stieg in einer kleinen Station der Sekretär der französischen Gesandtschaft Mr. de St. Ou. ein. Mit ihm verließ ich die Eisenbahn, und wir besahen die Rue des Bibelots, wie er eine der Straßen nannte. Hierauf traten wir sehr erhitzt den Weg zur deutschen Legation an, wo ein Frühstück uns erwartete. Geladen waren Graf Litta, St. Ou., Kempermann, Blaas und ich. Es erschein Asti Spumante, ein trefflich kühlendes Getränk, das mich an Oberitalien erinnerte und ein Gang echt deutscher Würste.

Nach Schluss gingen wir zu sechst nach der Straße der Daimio Stores, in deren einen wir eintraten und eine Ausstellung besuchten. Dort waren auch die Gegenstände für die Weltausstellung 1873 vorausgestellt gewesen. Hierauf setzten wir uns in Jinrikishas und fuhren unter Leitung des deutschen Gesandten nach Shiba, wo uns derselbe sehr hübsch erklärte, was in der Sammlung der Asiatic Society von Wert war. Besonders schöne Waffen, dann alte Satsuma-Porzellangefäße und hübsche Lacks fielen mir auf. Endlich eilten wir nach Hamagoten zu dem Palaste, in welchem der Herzog von Edinburgh und 1873 auch Le Duc de Génes als Gäste des Tenno gewohnt hatten.

Hierauf fuhren Herr von B. und St. Einkäufe zu machen, während K. und L. uns in den weitläufigen Palast einführten, wo wir jedoch erst nach langen Unterhandlungen Herrn K's und Vorweisen der Karte L's, sowie durch unser Trinkgeld offene Türen fanden. Prachtvolle Tapeten und riesige Koreabronze-Gartenvasen (aus einem Stücke), deren Dimensionen mich erstaunten, sowie japanische Bilderbücher fesselten uns lange Zeit. Der Garten war in halbeuropäischem Stile gezogen. Statt ruhen zu können, fand ich im Grand Hotel eine Einladung zu O. Der Konsul von Niigata, Z. und andere waren wieder da. Nach dem Essen spielte man, und ich begleitete den hübschen Tenor des Hausherrn in mehreren Liedern von Schubert, die ihm wohl gelangen. Der Löwenanteil dieses Tages gebührte jedenfalls dem Tempel von Shiba, mit den Shogungräbern, dem größten und merkwürdigsten Baudenkmale von Tokio, welches Freiherr v. Hübner so trefflich geschildert hat. Hinter der Ringmauer erblickt man zuerst das kühn ausgebogene Ziegeldach, das den Tempel und die Annexe deckt. Wer alles besehen wollte, müsste stundenlang in den Räumen des Tempels umherlaufen. Prächtige Holzschnitzereien, reiche Vergoldungen, feine Bronzen und zahlreiche Steinverzierungen fallen dem Beschauer vor allem auf. Man behauptet, dass sich nicht mehr die schönsten Gegenstände vorfinden. Weihgeschenke in Form von massiven Steinleuchtern sind dunkel grundiert und mit Gold oder anderen hellen Farben an den Rändern ausgeschmückt. Leider sahen wir den kaiserlichen Schlossgarten mit seinen berühmten uralten Bäumen, Wäldchen, Wasserfällen und Teichen nicht. Jedenfalls bilden die Tempel in der Totalansicht der großen Stadt, welche fast nur aus ebenerdigen Holzhäusern besteht, durch ihre hohen Dächer erwünschte Unterbrechungen.

Osterexkursion nach Enoshima

Kempermann erschien um neun Uhr und wir begrüßten ihn mit Freuden. Ein gründlicher Kenner von Land und Leuten, lebte er seit sieben Jahren in Japan. Er machte unseren freundlichen Führer wie seinerseits Dr. Hübner bei Gelegenheit seiner „Exploration au delà du Fijiyama". Um zehn Uhr verließen wir den Klub, wo Kempermann noch Kleingeld geholt hatte, da im Lande von dem Wechseln größerer Geldstücke oder Noten keine Rede sein konnte. Nun ging es in unserem gemieteten Char-a-banc durch die lustige Vorstadt Bentin und der Bahn entlang. Kempermanns Diener mit den Säcken und dem Proviantkorbe rückwärts, der Betto und der Kutscher vorne. Über steile mit Steinplatten gepflasterte Brückchen, bei welchen wir immer arge Stöße zu erdulden hatten, kamen wir bis Kanagawa und wendeten uns nun links. Für die zweieinhalb Stunden Wagenfahrt bis Fujisawa mussten wir zehn Dollars (über fünfzig Francs) bezahlen. Auf dem hart bei Yeddo einmündenden Tokaido (Japans Hauptverkehrsader), welcher bis Odawara weiterführt, traten wir in unsere Reiseroute ein und kamen bald nach Numatsu.

Der Weg ist zumeist mit niedlichen Bäumen von starker Entwicklung besetzt. Hodoyongia war der nächste Ort, ein langer, großer Marktflecken, der schon ganz anderen Charakter als die Dörfer an der Bai trug, d. h. er war viel malerischer und schien von europäischer Zivilisation unangetastet. Wo sich das alte Japan rein erhalten hat, mag der Tourist beobachten, aber nicht dort, wo der Einfluss der europäischen Zivilisation ein Zwitterding von Aufklärung und Rohheit geschaffen hat. Dichte Wälder wechselten mit Gemüsepflanzungen, grünen Reis- und hellgelben Rapsfeldern in Blüte ab. Nördlicher begannen die Maulbeerdistrikte (Mulberrydistricts).

Wir trafen Europäer und stiegen mehrmals aus. Wenige der uns begegnenden Eingeborenen blickten uns freundlich an. Die meisten lächelten spöttisch oder gingen aus dem Wege. Ganz anders, als in den Küstenplätzen, mehrere affektierten sogar ein völliges Nichtbemerken der Ausländer.

Sie stehen jedenfalls auf höherer Stufe als in den Hafenorten, denn sie haben wenigstens Selbständigkeit und verfolgen eine, wenn auch konservative, Idee. Siebzig englische Meilen von Yokohama laufen die Treaty Limits (Vertragsgrenzen). Jenseits derselben durfte kein Europäer ohne Pass reisen, und selbst dieser wurde ungern verschafft. Nach eineinhalb Stunden Fahrt, bergan und bergab, erreichten wir Totsuka. Daselbst trafen wir laufende Postboten, nur mit einem Schurz und Sandalen bekleidet, unter triefendem Schweiße und lautem Warngeheule dahin stürmend. Sie legten die Stange mit den Paketen in ihren Wechselstationen auf die Schulter der wartenden Kuriere, und nach wenigen Stunden gehen auch diese wieder im Lauftritte weiter, um für ein und eine halbe bis zwei Stunden die einzigen Vertreter des Brief- und Pakettransportes auf ihrer Strecke zu sein.

Als wir in Totsuka einfuhren, saßen Mr. C. und sein Freund aus Nagasaki nach Landessitte mit ausgezogenen Stiefeln im ersten Stockwerke des Teehauses, sie sprachen schon zu so früher Stunde dem alkoholhaltigen Yokohama-Beer zu. Sie machten sich beide mit den Teehausmädchen, die ziemlich niedlich schienen, zu schaffen und waren, nachdem sie den Weg von Enoshima bis hierher zu Fuß zurückgelegt hatten, des Nachts von Flöhen jämmerlich zerbissen worden. In unschuldigster Weise wiesen sie uns die verwundeten Stellen. Wir unsererseits hatten die Stiefel anbehalten und lebten ebenso gut weiter.

Nach weiteren dreiviertel Stunden erreichten wir das malerische Fujisawa und daselbst das Ende des karossablen Teils unserer Reiseroute.

Man besah sofort einen prächtigen Tempel, in welchem ein Geld sammelnder, schlauköpfiger Priester uns zum Tee einlud. Wir zahlten für drei Stunden (inkl. eine halbe Stunde zu Totsuka, also zweieinhalb Stunden Fahrens) zehn Dollars, etwa 23 fl., aus und sodann begann K's Boy, ein hübscher à l'Européenne geschorener Jüngling, fünfzehn Jahre alt, welcher sogar, als zur Suite des deutschen Gesandten gehörig, einige deutsche Worte stammelte mit seinen sehnsüchtigen, schwarzen, schiefgestellten Augen den Fortgang jenes Prozesses zu beobachten, welcher rohes Fleisch in Beefsteak verwandelte und deckte sodann einen Tisch! Das war nicht Alt-Japan, wo ein Tisch stand, und das war kein Teehaus. Da sollte es noch anders kommen! Wir hatten bald Wein

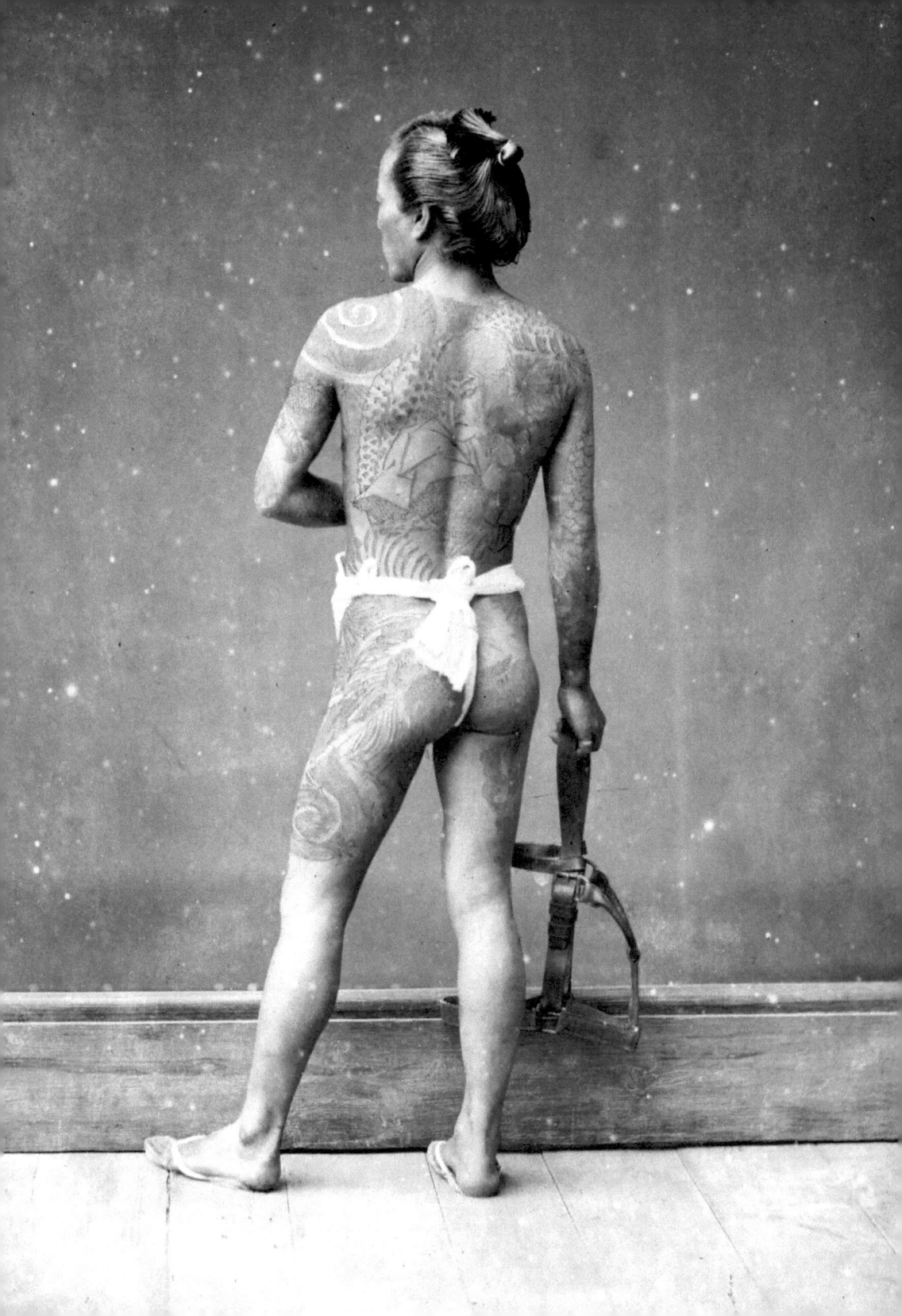

und Bier zur Hand. So oft tranchiert wurde, musste der Tisch am anderen Ende festgehalten werden. Vier Stühle dazu bildeten das Ameublement.

Unser Führer schmeichelte den Musumes (Mädchen), indem er ihnen „Beppin" zurief (d.h. schön). Er sprach von Budoshu (Wein, Budosh Traube). „Arimasu" (haben Sie) fügte er artig fragend bei, und wir antworteten „arigato" (danke).

Es sind fast italienische Anklänge in dieser Sprache, weil in jeder Silbe Vokale erscheinen, besonders das „a".

Nach dem Frühstück nahmen wir die „Extrapost", wie man scherzhaft die Jinrikishas nannte und trafen noch im Orte den Kompagnon St's, Herr Wnn., Herrn Ku. und einen Herrn Wolf, sowie einen Zigarrenhändler aus Yokohama, dessen Wagen sie heftig herumschleuderte.

Ein Stück des Weges gingen wir noch zu Fuß. Herrliche Rosablüten der Pflaumenbäume, dunkelrote Kamelienbaumblüten, hübsche Shinto-Tempelchen, aber ohne Abwechslung in Größe und Form, kleine Steinstiegen, durch Gebüsch halb versteckt, glatt geschorene Strohdächer mit ihren Irisblattkämmen, dann wieder Steinlaternen und Bauernwirtschaften mit penetrantem Geruche, Brückchen, Flüsschen bildeten eine unausgesetzte Reihenfolge. Alles ist niedlich und klein, oft lieblich und reizend, jedoch immer nur wie ein Spielzeug erschien uns die ganze Szenerie bis nach Enoshima, der heiligen Insel. Voraus fuhr der Diener K's, dann kamen wir in drei Jinrikishas in raschem Tempo gerollt.

Bei den zahlreichen Schwarzföhrenwäldchen dachte man unwillkürlich an Gegenden in der nächsten Nähe Wiens, an Weidling am Bach, die Brühl und ein gemeinsames Urteil verglich einen Blick auf blumige Wiesen, einen Bach, versteckte Häuschen und Hügel (mit Wald) der Heiligenkreuzwiese bei Baden nächst Wien. Ich rief häufig das „Sukoshi matte" („Warte ein wenig") um ruhiger betrachten zu können.

Meine Stellung im Jinrikisha war trostlos. Zudem zogen sich unsere „Zugmenschen" bis auf den Gürtel aus und legten, zum Entsetzen unserer Nasen, das durch den Lauf durchnässte Zeug neben ihre zartbesaiteten Passagiere. „Zu viel!" rief ich und schleuderte das Gewand auf die Straße. Mich begrüßte nur Hohn der Gefährten, und wirklich schienen die Ninsogos über diese Prüderie erzürnt. Sie lebten offenbar in dem Wahne, in ihren Gewändern Arabiens Düfte zu bergen.

Wir verfolgten kleine Wege zwischen Dörfchen und Waldung. Da plötzlich öffnete sich zwischen den hohen Nadelbäumen der Blick auf die See. Alle Ermüdung war vergessen, denn, indem wir im Dünensande mühsam aufwärts kletterten, entrollte sich von der anderen Seite das Bild eines der Wunder Japans, der heiligen Insel Enoshima.

Von der Insel bis zu unserem Hügel zog sich ein helles Sandband, an beiden Seiten durch die Brandung angefressen und im Bogen von den Brechern bespült. Diese Sandzunge verbindet die Halbinsel Enoshima, die man gewöhnlich eine Insel nennt, mit Nippon. Das Dörfchen lag zierlich im Schatten von großen Bäumen, gleichsam hingeklebt an den Fuß des bewaldeten Hügelchens. Weißbespülte dunkelblaue Klippen und brausende, hochaufschäumende Brandungswellen bildeten die Flanken dieses niedlichen Landschaftsbildes. Wir überschritten das Dünenband und trafen nach einer halben Stunde im Dörfchen ein, wo wir vor einem Muschelladen, das Gewehr an der Seite, Dr. H., Lehrer an der medizinischen Schule zu Yeddo begrüßten. Ihn begleitete ein japanischer Schüler, welcher mit ihm auf Sammeln ausgegangen war. Wir luden den Professor zu Tisch ein. Er verließ uns mit dem Versprechen, bei der Mahlzeit zu erscheinen. Sein Zögling trug die Fischangel.

Wir traten in ein Teehaus, in welchem man uns ein Zimmer, eine Matzratze, einen Tisch, ein paar Stühle, Tee sowie Reis anbot. Es schien reinlicher als das hochtrabend benannte „Family Hotel" (auch ein Teehaus). Alle Räume waren mit Papierwänden voneinander geschieden. Die kühle Brise versprach eine kalte Nacht. Ein Kohlenbecken sollte uns wärmen. Es wurde in die Mitte des Raumes gestellt.

Auf der Seeseite fanden wir eine kleine Terrasse, die den Ausblick gegen Odawara, auf den Fujiyama und den lieblichen Vordergrund gewährte. Ein malerischer steiler Weg zwischen den Häusern führte in Abstufungen in den Tempelhain. Diese Straße erinnerte in ihrer Disposition an Ähnliches in Konstantinopel. Der Aufgang zur heiligen Stätte lockte uns alsbald an.

In der Ferne, gegen Südwest, bemerkten wir auf unserem Spaziergange das Kap Idzu bei Shimoda, bei welchem das jüngst zu Grunde gegangene Nil-Wrack lag. Gegen SO sah man, in grauer Ferne fast verschwindend, Sakura Point bei Misaki, nördlich von dem Westkap des Einganges der Bai von Yeddo.

Unser Teehaus trug den reizenden Namen Fujimiro, d.h. „Haus, von welchem aus man den Fujiyama sieht", ein kleines japanisches Miramar an der lauschigsten Seebucht der Insel. Der Herr, der weißköpfige Schlackenerzeuger, der Aschenkegel voller Schnee, dieses 12.000 Schuh hohe Ungeheuer, das, unschön wie eine umgedrehte Gewürzladentüte, in den Himmel hinauf drohte, eine permanente, zum wenigsten leicht angedeutete, meist aber zu einem mächtigen Mantel heranwachsende Halskrause von Nebel einige tausend Fuß unterhalb seiner Krateröffnung tragend, imponierte mir gar nicht. Im Gegenteile ließe ich den Berg gerne aus dem Bilde weg. Also dies war die Wunderlandschaft, hier lag vor uns einer der malerischsten Punkte Japans? Die Erinnerung an Nagasaki und die Inland Sea übertraf für mich weitaus die Eindrücke zu Enoshima. Jene Dünen, jener platte, geradlinig hervorschleichende Fluss trug wahrhaftig nicht dazu bei, der Landschaft den Stempel des Abwechslungsvollen aufzudrücken. Wie würde sich ein italienischer Boden mit solchen Mitteln seiner Aufgabe entledigen! Was machte nicht griechisches Klima, was bildete nicht spanische Sonne aus solchem Materiale! Auch die heilige Föhre hatte es mir schon längst angetan, denn nur in größeren Gruppen fesselt sie, weil sie gleichmäßig voneinander abstehen und dabei zu ähnliche Formen haben. Wenn die Farben nicht wären, ich tauschte sofort diese Stelle mit irgendeinem Bilde von der Nordseeküste. Ich kann nicht jeder Landschaft in dem durcheilten Teile des Landes eine gewisse Art von Reiz absprechen, aber, wie in einem Gesichte, welches sich durch einen Schönheitsfehler von der Vollkommenheit entfernt hält, mangelt auch in Japan immer etwas oder es schleicht sich eine unedle Form in die lachenden Fluren. Des Fujiyama Gestalt ist vollends zuwider, besonders, weil er stets hervorragt.

Überall schleicht sich dieser zudringliche Kegel in die Hintergründe, und nur wohltätige Wolken mögen ihn dem nach klassischen Formen lechzenden Touristenauge entziehen. Mehrmals ragte die Zuckerspitze aus dem Nebel alleine hervor. Dann schien sie, durch das Verschwinden aller Verbindung mit dem Mittelgrunde, fast unerreichbar hoch, wie eine Lösung der großen Frage vom Turmbau zu Babel. Des Abends glühte sie wie eine Kohle, und die brausende See zu ihren Füßen erschien tief blaugrün.

Unsere Decken sollten unter allen Umständen das harte Lager am Boden anziehender machen, besonders, da die Fensterscheiben aus gleichem Stoffe wie die Schnupftücher gemacht waren. Wer in Japan schnell ein Interieur sehen will und neugierig ist, stößt von außen sans gene mit den Fingern ein Loch in die Papierscheibe. Ein Haus, in welchem Interesse erregende Personen oder Gegenstände sich befinden, sieht dann wie ein Sieb aus. Man könnte aus der Anzahl der Löcher in den Papierfenstern eines japanischen Hauses darauf schließen, ob gefeierte Helden, Schönheiten oder vielleicht auch Streit und Unfrieden dort wohnen. Man kann sich mit Bleistift an den Scheiben verewigen, statt mit Diamant Namen ins Glas ritzen zu müssen. Oft werden die Fenster zu noch viel unedleren Zwecken verwendet, denn eine Japanerin, die geringen Vorrat an Wäsche besitzt, nimmt die Fensterscheibe als Taschentuch. Die feine Japanerin hat solche Papierfetzchen zu Dutzenden, und bei den Klagetönen im Theater dürfte wohl auf jede Träne eines zu rechnen sein. Als wir den Weg aufwärts stiegen, gab uns K. einige linguistische Winke, besonders über die Umschreibung des Nominativs im Japanischen: „Man setzt an seine Stelle: Was den (die, das) betrifft."

So z. B.: Was das Mädchen betrifft, so ist es ein schönes, aber statt: „Der Vater schlägt seinen Sohn" sagt man: „Was den Vater betrifft, so schlägt er seinen Sohn". Ob diese feine Wendung wohl die Schläge weniger empfindlich machen wird?

Wir besuchten nun die Insel mit ihren hübschen Laubbaumgruppen. Wieder sahen wir das so abschreckend wirkende Schwärzen der Zahnreihen bei verheirateten Weibern, welches wenigstens symbolisch die Untreue unmöglich machen soll. In der Praxis ist es wohl gleichgültig, ob die Zähne schwarz oder weiß sind. Eine wirksamere Waffe zu Gunsten des Gatten dürfte übrigens das rasche Verblühen der Japanerin, wie das aller Südländerinnen, sein.

Alte Weiber priesen, ganz wie in unseren Wallfahrtsorten, mit rhetorischem Gänsegeschnatter, als ob es sich um die Rettung eines zweiten

Kapitols handeln würde, ihre heiligen Waren und absonderliche Muscheln, sowie getrocknete Seetiere an. Wahrlich, eine fromme Erinnerung an den Besuch der heiligen Stätte gewährt es, und es ist hoch erbauend, wenn man sich eine Tasche voll übelriechender Seeigel nach Hause mitnehmen darf. Auf dem Wege sahen wir Tafeln, auf welchen größerer Votivgeschenke in Geld Erwähnung geschieht.

Weiter oben machten die großen Bäume niedrigem Buschwerke Platz.

Ein Japaner besserer Sorte schloss sich uns an, Tabaksäckchen und Pfeife in dem Gürtel, und begann an einer Stelle, wo ein Hohlweg zwischen dichtem Kameliengebüsch zu einer verlassenen Verkaufsbude führte und dann eine heimliche Bai sich zwischen schroffen Felsen öffnete, ein Gespräch, welches K. die Gelegenheit bot, uns die echte Nipponsprache vorzuführen. Der Japaner war Weinreisender in Sake (Reisbranntwein) aus Fujisawa.

In die fast senkrecht abfallende Felsenschlucht, wo die Brandung schwer anschlug, sahen wir einige hundert Fuß hinab. Nochmals erschienen die Tafeln mit Namen und Summen, Weihgeschenke oder Liebesgaben für den Bau eines neuen Tempelgebäudes. Nun kletterten wir an einer schroffen Stelle hinab, die uns an den Blick auf Malabarhill bei Bombay in Governors Garden, welchen wir im Dezember 1873 besucht hatten, erinnerte.

Weiterhin hatte ein Knabe in einer Bude große Bilder zu verkaufen. Er rief uns nach: „Wu-en teki", und das klang so ganz japanisch, dass ich mich um die Bedeutung dieser Worte erkundigte. Lange konnte selbst der Japanologe K. nicht begreifen, in welchem Dialekte Nippons dieser aufstrebende Kleinhändler mit uns verkehrt hatte, bis wir endlich darauf geführt wurden: Er hatte englisch gesprochen und wollte, sich auf die Ware beziehend, fragen: „One take – take one." („Nimm eines.")

Auf einem heiligen Steine hing ein einsamer Strohkranz. Welchen Ursprung mag wohl diese Sitte haben? War es dem Andenken eines Verstorbenen zu Ehren oder bloß ein Zeichen der Frömmigkeit? Vier dichte Föhren krönten den Hügel. Ein ganz netter Rückblick auf die gelbe Düne zu unseren Füßen mit den kleinen schwarzen Menschlein darauf und auf die eintönige Flussmündung bei Katasse bot sich uns.

Nach peinlicher Kletterei trafen wir endlich am Fuße der Insel auf der Seeseite ein und zwar, dank der Ebbe, auf Wasserhöhe. Auf der Südwestseite befand sich die heilige Grotte, und diese war unser Ziel. Wir sprangen von Stufe zu Stufe, rutschten über eine kleine schiefe Steinfläche, traten in stehendes Wasser, wateten durch angesammelten Sand bis wir, unter der Führung zweier schmutziger Fischtaucher, die windgepeitschte Brandung, die zerstörungsdrohend, etwa zwei bis drei Fuß höher als das Wasserniveau während der Ebbezeit, heranrollte, aber zu unseren Füßen immer wieder zusammenbrach, hinter uns gelassen hatten. Wehe jenem, welchen längs dieser steilen Küste eine Springflut einholt oder die tägliche Flut überrascht. Er ist verloren unter den schroffen Felsen. Zuletzt gingen wir auf in den Stein gehauenen Tritten neben einem klaren Wassertümpel durch den Eingang eines natürlichen Felsenkorridors, welcher zu der sich ausweitenden Grotte führte. Diese Wasserader war ein Überbleibsel der letzten Flut. Um sie zu vermeiden, gebot die Vorsicht rasche Rückkehr. Im Hintergrunde sahen wir in dem Grottentempelchen Priester, umgeben von dem gewöhnlichen Apparate von Lampen, Götzenbildern, Opferstöcken und Rosenkränzen. Ehe wir die steilste Stelle betraten, tauchte einer der Fischer in den hohen Brandungswellen nach einem Geldstücke, ohne sich jedoch auszukleiden, um in dem kalten Wasser weniger zu frösteln. Auf anderem Wege endlich, durch eine Art von Dschungel, gelangten wir zum Teehaus, wo wir erst gegen sieben Uhr, nachdem Dr. H. noch immer nicht erschienen war, das heißersehnte Essen auftragen ließen. Unser Gast traf erst spät ein und entschuldigte sich damit, dass er einen „zehn Schuh langen Krebs" zugeschickt erhalten habe, dessen beide Scheren eineinhalb Meter (etwa fünf Fuß) Länge maßen. Wir blieben ungläubig, bis er uns am nächsten Morgen die Tatsache durch den Augenschein bewies und das Unglaubliche sich bestätigte. Dieser Seekrebs wanderte nach Berlin.

Nun steckten wir die mitgebrachten Kerzen in Ale-Pints, das heißt Halbflaschen für Bier. Für Dr. H. gab es weder Messer noch Gabel oder Löffel, und wir liehen sie ihm abwechselnd. Der Abend verlief unter Liedern, Scherzen und Gelächter, indem Champagner und Bordeaux die Gemüter auf der Höhe der Fröhlichkeit erhielten.

Die schwarz gezahnte Aufwärterin näherte sich uns in neugieriger Weise. Sie belachte, verspottete alles, betastete unsere Kleider und das Tischzeug, schlug endlich während des Kauens K. auf den Rücken, so dass er unfreiwillig die Gabel aus dem Munde springen lassen musste und stahl sogar das Brot vom Tische weg, teilte uns aber dann wieder mitleidig und nachsichtig von dem Geraubten einzelner Stücke mit. Wir zogen einen artigen Vergleich zwischen der Bedienung in Japan und der durch deutsche Kellner in Europa. Wir waren hier in offenem Nachteile, denn wir brachten alles mit, man teilte wieder unseren Willen die Mahlzeit, und das Zimmer mussten wir erst noch teuer bezahlen.

Schlaftrunken und ermüdet verfiel H., welchem die Jagd des Tages und der lange Weg über die Dünen herüber den Rest gegeben hatten, mitten in dem Vortrage des mit mächtigen Dissonanzen abgesungenen Liedes „Im tiefsten Keller" in einen Sopor, aus dem wir ihn nur zu erwecken vermochten, wenn wir ihm „Austrinken!" zuriefen. Das tat er dann auch immer getreulich, leerte das Glas, lallte einige Worte des Liedes, aber schnarchte alsbald wiederum auf seinem Stuhle, in sich versunken. Als die Sessel jedoch zu gefährlich krachten, brachten wir uns zu Bett. Nun kam die schwarzmäulige Grazie, warf Matratzen auf den Boden und legte Polster, Decken, Röcke und Regenmäntel, die wir mitgebracht hatten, zurecht. Eine von Öl stinkende Papierlaterne knisterte noch bösartig neben mir. Doppelte Papiertüren und eine verschiebbare Holzwand waren nicht genügend, um den Luftzug aufzuhalten. Wir froren trotz Kohlenbecken und den Kleidern, welche wir behalten hatten, bis zum Morgen.

Der Ostermontag, 6. April, war ein herrlicher, reiner Tag. Das Schieben der Holztüren erweckte uns ca. fünf Uhr früh. Die ganze Nacht hindurch hatte die Brandung gewaltig gegen die Felsen gebrüllt, auf welchen unser Teehauspavillon, umgeben von Kamelien- und Pflaumenblüten lag. Der alte Riese Fujiyama war verhüllt. Nebel deckte noch die See. Aber hoch oben war schon der klare Tag zu erkennen. In einer Anwandlung heiterer Laune schoss Dr. H. die Ladung seines Revolvers auf Wasservögel in der Bai aus.

Nach dem Frühstück, welches aus Tee und den Überresten vom Vortage bestand, brachen wir auf und betraten die schmale Sandzunge zwischen Enoshima und den Dünen. Wir bemerkten, als ich neben dem mit Naturforscher-Kennerblick den Strand uns erklärenden Professor dahinschritt, einen Seeteufel, noch lebend, umgeben von einer malerischen Gruppe von Fischern, ein starkes Exemplar dieser Gattung der Seebewohner.

In Katasse traktierte uns der artige Doktor Philosophiae mit seiner letzten Flasche Rhauenthaler, einem trefflichen 1855er Rheinweine. Wir besahen in dem Teehause im ersten Stockwerke seine Sammlung.

Da die Ninsogos ihre Jinrikishas nicht durch den weichen, feuchten Meersand ziehen konnten, so ging ich zu Fuß neben H. Voraus wanderte Blaas mit K. der murmelnden Brandung an der Bai entlang. Die Sachen hatte man indessen nach Kamakura vorausgeschickt, wobei K's Diener als Wächter mitfuhr. H., sein Gewehr in der Hand, gab uns das Geleite. Bald erreichten wir das Dorf Hasemura mit dem Daibutsu, „großer Buddha".

Wir besahen nun den Daibutsu, der sich in einem zweiten Exemplar bei Kioto in fast noch größeren Dimensionen wiederholen soll, nach einer weiteren halben Stunde. Er ist ein kolossales aber nicht aus einem Stücke, wie man behaupten wollte, gegossenes Bronze-Riesenbild des Gottes von fünfzig Fuß Höhe, das Innere ist Tempel. Der Koloss war mit Namen überdeckt. Ein Priester hielt daneben einen Bierkeller und ein Fremdenbuch, verkaufte Fotografien, Beschreibungen der Götzenbilder, Papier mit Gebeten und Gelübden.

Auf der Stirn trägt der Daibutsu die Warze der Andacht, d. h. eine Verhärtung durch das häufige Legen der Stirne auf den Boden, die Folge großer Frömmigkeit. Seine Finger sind geschlossen, nur die Daumen berühren sich mit den Spitzen. Die Ohren sind abwärts gezerrt durch zu schwere Ohrgehänge: Ein Zeichen langen Lebens!

Ein Föhrenkegel in der Nähe bildete den ziemlich netten, idyllischen Hintergrund dieses, an Größe und Gusswert weit hinter der Bavaria bei München zurückstehenden Bronzebildes. Im Innern gleicht das Ungetüm einer Glocke und da bemerkte ich deutlich die einzelnen Stücke, aus denen es zusammengesetzt ist.

Nun ging es wieder zu Fuß und, nachdem wir den Platz passiert hatten, welcher auf der Landkarte mit „Spot where Major Baldwin and Ltnt. Bird of the 20. Reg. (Nov. 1864) were murdered" bezeichnet ist, wendeten wir uns links. Zwei Tore aus Holz, in großer Distanz aufgestellt, rahmten vorteilhaft eine lange Shintotempel-Avenue ein. Das Teehaus lag an dieser Straße, links bei dem zweiten Portale.

Überall fanden wir hübsche Gärtchen vor den Teehäusern. Der Tee („Tsia", chinesisch „Teh") ist schlecht. Kuchen und ein Aufguss aus Pfirsichblüten mit Salz und Sake, wie man erzählte, sollen zu den Leckerbissen gehören.

Der Shintotempel von Hachiman liegt auf einem Plateau. Eine große Treppe von vierzig Stufen führt hinauf. In ihm finden wir eine Verschmelzung des buddhistischen mit dem Shinto-Kultus. Die Kaminushi (Tempelpriester) lauerten schon auf das Trinkgeld.

Wir nahmen Lunch. Vorher, von der Hitze etwas angegriffen, wollte ich ein Bad in der Waschkammer verlangen. Das gelang aber nicht vollkommen, da mir die im Hofraume arbeitenden Hausmädchen ungeniert zusahen und diese Stätte der Einsamkeit weder gegen den Hof, noch auf die Seite, wo die Gäste saßen, einen Verschluss hatte. Das Baden und Waschen auf den Straßen wurde bis vor kurzer Zeit auch in Yokohama in unschuldigster Weise betrieben. Nun ist es auf die Badehäuser beschränkt, in welchen es recht bunt zugeht.

Hierauf traten wir in das Heiligtum von Kamakura und besahen alte Waffen, Reliquien aus dem 9. Jahrhundert n. Chr., dann etliche „ehrfurchtsvoll bespuckte" Heiligenbilder, wie in Asakusa. Bis zu welchen Objekten sich die religiöse Verehrung versteigt ist unglaublich und kann unmöglich in diesen Blättern erwähnt werden. Die Bonzen glichen mit ihren schlauen Blicken aufs Haar Auguren oder italienischen Pfaffen und waren auf das Trinkgeld sehr erpicht. Mit überzeugendem Pathos hoben sie jede Holzlade von den tabernakelartigen Vertiefungen ab, welche die kostbaren Gegenstände bargen und wechselten nach je drei oder vier Gruppen, damit keiner von ihnen leer ausgehe und die Trinkgelder häufiger aus den Taschen fließen sollten.

Mit herzlichem Abschiede wanderte H.[13] nach seinem Standquartiere zu Katasse zurück und schwang die Büchse so lange wir ihn sehen konnten. Wir aber intonierten sein Lied „Im tiefen Keller" und hoffen, uns weniger in Dissonanzen bewegt zu haben, als er es getan hatte. Nun folgte für uns eine heftige Schüttelpartie. Bergauf und bergab, später in einer weiteren Talebene auf tief durchlöcherten Wegen und über Steinbrückchen, welche jedes Mal höher als der Weg lagen und darum zu häufigen Stößen Veranlassung boten, zogen wir zwischen Reisfeldern dem Ziele entgegen. Bei jedem Stoße wurde das Blut in heftige Wallung gebracht, und ich glaube, dass ein Herzleidender nicht in der Lage wäre, zwei Stunden lang diese Art von Transport zu ertragen. Kühle Brise wechselte rasch mit sehr starker Hitze ab, so oft die Sonne aus den Wolken trat. Nach eineinhalbstündiger, heftiger Erschütterung kamen wir wiederum in Totsuka an, wo wir Cl. und seinen Freund getroffen hatten. Wir nahmen Ale und kauten Biskuit, um uns für den letzten Rest der Fahrt zu stärken.

Bald eilten wir in drei Handwägelchen, mit frischen Leuten und unter lautem Gebrüll derselben, im raschesten Tempo bergab. Der Staub flog hoch auf. Nach kurzer Zeit hatte dieses pfeilschnelle Dahinschießen, in Verbindung mit der Erschütterung und dem Staube in den Augen, schon Folgen. Es sausten die Ohren vom Geschrei der neun bis zehn Leute, welche uns in schnellem Laufe vorwärts brachten. Notizen waren unmöglich. Endlich sahen wir die Bai. Die armen Ninsogos, schwitzend und ermattet, hielten vor dem Hotel an.

Ich bewirtete mehrere Freunde, auch unseren freundlichen Führer, zum Abschied. Nach Tisch plauderten wir noch in angenehmer Laune bei einem Glase Bier mit einem Herrn E. aus Mexiko.

So waren wir denn wiederum in die engeren Treaty Limits (Vertragsgrenzen) zurückgekehrt. Alles was ich nun vom Tchaia (Gasthaus), mit seinen rohen Fischen (mit Shoya, gesotten), von Tserchi begleitet (im Wasser gekocht), den Omelettes mit Fischöl, weißen Rettichen, Brot, Reis, Sake durch Wasser gebrochen, gesehen hatte und mit den Ge-

---

[13] H. besuchte mich 1877 im Wissenschaftlichen Club in Wien, wo wir alle heiteren Erinnerungen wiedererweckten. Er kehrte in die deutsche Heimat zurück.

ruchswerkzeugen in mich aufnahm, war überstanden. Alle Eingeborenen, mit denen ich verkehrte, gewährten allüberall den gleichen Anblick, denn auch hier schafft gleiche Beschäftigung gleiche Gesichtszüge. Die Typen aller Berufsarten stimmen aber auch in der langweiligsten Ausdrucksweise des Blickes überein. Der Franzose nennt den Japaner „intelligent comme un singe", wofür schon die Imitationsgabe spricht. Ich fand in ganz Asien, dass die Körperstellung des Kauerns, die Gewandtheit der Glieder, das unsichere, scheue Wesen zu diesem Vergleich führe. Ein Ortschef (Mourano Chiktchio) und Yakounins (Polizeioffiziere) waren mir auch zu Gesicht gekommen. Die Polizei ist organisiert. In den Familien gibt es sogar Aufpasser. Jeder Boy ist der Mouchard seines Herrn und führt Notizen über die Fremden. Das geheimnisvolle, diplomatische Schweigen, hinter welchem gar nichts steckt, verleiht den Dienern oft einen sehr lächerlichen Anstrich. Wohl scheint es die Folge der Unterdrückung jeder Meinungsäußerung zu sein. Of hatte ich jene chinesischen Soroban oder Rechenmaschinen mit Kugeln, gleich den Markiertafeln bei dem Billiardspiel, im Gebrauche beobachtet. Die Kosukai (Diener) hatten uns in den Teehäusern die echten Tatamis (Matten, franz. „nattes") ausgebreitet. Somit hatte ich so manches erblickt, was in Büchern schon lange meine Reiselust anregte. Freilich fehlte mir ein Ausflug in das Zentrum Nippons und der Anblick des im Jahre 1788 so gefährlich gewordenen Asanamuyama, der immer dampft und dessen Höhe nach der Berechnung der Herren Jourdan und Bieillard 3.000 Meter oder 10.000 Schuh über dem Meere beträgt.

Die Gouvernementshäuser nennt man auf Nippon „Hondjin". Die Daimiolandschlösser heißen „Firo". Ich sah sie in Yeddo. Von den fünftausend enttrohnten Herren, den Vertretern des feudalen Prinzips, sah ich natürlich keinen. Sie bezogen hohe Revenuen (etwa 25.000 Kokus Reis im Mittel). Viele nahmen amtliche Stellen in Yeddo an, als das große Machtwort des Tenno gesprochen ward. Andere grollten noch und leben entfernt und ärmlich, sich in den ganzen Stolz ihres Daimiotums hüllend. Man sollte es bewundern, dass die ersten Reformen in Japan an alten traditionellen Zuständen gerüttelt haben, dass die Feudalherrschaft der Daimios so rasch bis in ihr Herz berührt wurde, diese doch so große und uralte Machtstellung, mit welcher einst die Regierung nur zu oft abzurechnen hatte. Niemand aber kann es beweisen, dass das Wort des Schriftstellers wahr sei, welcher behauptete, es habe nur eines Winkes bedurft, um diese Macht mit den Wurzeln auszureißen. Im Gegenteile, es gärt weiter und wird nicht eher enden, als bis die Malcontenten die meisten höheren Stellungen in der Umgebung des Herrschers einnehmen, als Vertreter des Landes im Auslande leben und auf diese Weise zur Einsicht kommen, dass der fremde Einfluss, richtig benützt, Nutzen und Wohlstand bringen müsse.

Der Tenno hat zuviel genommen und zu wenig ersetzt. Die lächerliche Selbstvergötterung Japans hat die Folge, dass klügere Söhne Nippons solches Entgegenkommen bedauern müssen, schwächere Naturen aber in einen Zustand des Taumels geraten, in dem sie wahrhaftig glauben, „Pariser Esprit" mit deutscher Bildung und englische Etikette zu vereinigen, da man es ihnen täglich vorsagt. Vom idealen Standpunkte des Touristen habe ich immer das Kolonisieren auf Kosten des volkstümlichen Charakters verworfen, christliche Missionen nicht ausgenommen. Europa bringt Mittel, um Bedürfnisse schneller und billiger zu befriedigen, ja neue zu schaffen. Aber wer gesteht nicht zu, dass mit dem Anglisieren nicht auch künstliche Bedürfnisse geschaffen und die Sitten verdorben werden? Nichts Elenderes aber gibt es, als die von Europa beleckten und angekränkelten Zwittergestalten, welche zu den eingeborenen Lastern die der importierten Kultur gesellen.

Die „japanische Schweiz", jenes Zentrum von Naturschönheiten zu sehen, war uns nicht vergönnt. Meine Kräfte und die Schilderungen von Unsicherheit erlaubten das nicht. Entschlossen, bei meinem Gesundheitszustande Japan bald zu verlassen – wir wären, wenn wir unser Projekt, bis September zu bleiben ausgeführt hätten, Zeugen des Taifun im August 1874 geworden, welcher nach der Overland China Mail 900 Menschen tötete[14] –, ging ich zum Pacific-Mail-Office, wo ich hörte, dass alle Salonkabinen auf zwei Monate pränumeriert seien. Es war die Saison der Rückkehr nach Amerika. Wir hätten in der Tiefe des Schiffsbauches die Überfahrt von drei Wochen machen müssen, und so bestimmten wir denn den Vasco da Gama als passendes Transportmit-

---

[14] Man gab Theatervorstellungen zum Besten der Hinterbliebenen und Verarmten in Hongkong, Shanghai und Saigon.

tel. Statt in acht Tagen hatte der Vasco den Weg von Hongkong nach Yokohama in fünfeinhalb Tagen zurückgelegt, und unser Freund vom Tigre und aus Ceylon, Mr. Potter, welcher von Neuseeland via Timorstraße über Singapur gekommen war, empfahl das Schiff.

Vielfach trug auch das soziale Leben zu diesem Entschlusse bei. Es ist geisttötend, denn die materielle Richtung in den Kolonien nährt den Stolz, den Engländer und Deutsche darein setzen, auf großem Fuße zu leben. Franzosen und Amerikaner sind darin viel klüger. Wohl dem ungehinderten Beobachter, welchen keine Verpflichtungen fesseln. Der gänzliche Mangel an wahren Kunstgenüssen ist an Regentagen umso fühlbarer, und nur die Musik entschädigt bisweilen für die Entbehrungen.

Endlich, nach langem Warten in dem Office, Abschluss aller Geschäfte, Beendigung aller Besuche und froh, nach unangenehmen Details nur die Erinnerung an das Gute und Schöne zu behalten, fuhren wir in Jinrikishas zum Hafen. Ein französischer Diener begleitete uns. Der Wellenschlag war stark, die Nacht fiel ein. Kapitän Rice redete uns artig an. Wir seien willkommen, meinte er, wenn auch um 24 Stunden zu früh an Bord gekommen, denn er könne wegen des schlechten Wetters seine Teeladung nicht einnehmen.

Wir lagen ziemlich entfernt von der Stadt und die bewegte See hinderte sowohl unsere Freunde als auch die Neugierigen, an Bord zu kommen. Wir hingen noch von der Laune des Wetters und der Größe der Teeladung ab.

Herr Kn., ebenfalls eine Teeladung nach Amerika bewerkstelligend, verfiel in heftige Wut, als er das langsame Einschiffen sah. Sein Kompagnon lag, während er sich abquälte, auf dem Sofa und die Feindschaft gegen die ihn in seinen Zwecken störenden Personen ging so weit, dass er dem Schiffe und dem Kapitän den Untergang wünschte. Diese Abschiedsform war nicht gerade die gewinnendste vor dem Auslaufen in den großen Ozean und drei Wochen offener See, und ich verließ die Treppe, indem ich nach solchen aufrichtigen Wünschen meinen Zimmernachbar aus dem Hotel rief, es wäre jetzt besser, seine Ansichten für sich zu behalten. Tee war auch in die besten, d. h. die mittleren Kabinen der ersten Kajüte eingeschifft worden, so viel hatte man aufgenommen, und mit dem Tiefgang des Schiffes musste es auch schlecht bestellt sein, denn der Kapitän ließ sich in seinem Gigg aussetzen, um den ganzen Schiffskörper herumrudern, um die Tauchung und Ladewasserlinie zu inspizieren. Der Tee wird in Körben und Flechtwerk verschickt und nimmt sehr viel Raum ein.

Wir machten die Bekanntschaft eines Freundes des Mr. A., welcher mit ihm in San Francisco ein Rendezvous hatte. Derselbe war White-Star-Line-Agent, er hatte seine Etablissements in China und Japan besucht. Ferner sahen wir einen Engländer aus Chefu und einen amerikanischen Seeoffizier. Diese drei waren erträglicher. Zwei englische Commis aus Manila wurden mir sofort lästig. Die Yankees aber und einige der Engländer sowie ein Irländer standen auf einer Bildungsstufe, welche sie selbst den früher Erwähnten unausstehlich machte.

Man lud neben uns den New-York zum Zwecke der Verproviantierung der Truppen, welche nach Formosa in den Krieg zogen. Dabei wurde auch viel Bier eingeladen.

Als der Abend heranrückte, wurde der Kapitän ungeduldig. Die See hatte sich beruhigt, der Abend war kühler geworden, aber immer noch erschien das ersehnte Boot mit den Agenten, welche die letzten Papiere an Bord bringen sollten, nicht. Ungeduldig wehte auch die Nationalflagge an der Besangaffel.

Eine heitere Szene vertrieb uns noch für eine halbe Stunde die Zeit: Ein großer Zweimaster wurde von etwa vierzig kleinen Sampans, welche an ein großes Tau gespannt waren, etwa wie ein Elefant von Mäusen gezogen und in die rechte Segelstellung gebracht. Dabei war ungefähr zwischen dem fünften und dem sechsten Boote die Verbindung abgerissen. Um nun keine Verzögerung herbeizuführen und zugleich den Lohn nicht einzubüßen, ruderten die Leute der ersten fünf Boote mit einer Anstrengung, als ob es sich um noch größere Lasten gehandelt hätte, obwohl sie ganz losgerissen waren und jeder Widerstand der Last für sie aufgehört hatte. Die übrigen fünfunddreißig Bootsbemannungen schienen diese Ansicht vollkommen zu teilen und wollten ihre Kameraden nicht verraten. Diese wrickten mit ihren langen Rudern als ob das Bugsiertau gespannt wäre.

Endlich löste sich eine kleine Jolle vom Ufer ab. Unter raschen Ruderschlägen durchschnitt sie die leicht gekräuselte Wasseroberfläche und schoss in kurzem Bogen an das Schiff. Leichtfüßig hüpften die Agenten der Gesellschaft die Treppe herauf und traten in des Kapitäns Zimmer. Etwa nach einer Stunde waren wir frei, das losgelöste Ladeschiff wurde als Standpunkt der begleitenden Freunde und der Agenten gewählt, von wo aus sie eine „glückliche Reise" zuwinkten. Bald dampften wir durch die Bai von Yeddo. Die Werfte von Yokosuka konnte man noch deutlich unterscheiden, dann fiel Nebel ein, die Lampen wurden gehisst. Die Tafel brachte Leben in die Gesellschaft, und als wir wieder auf Deck kamen, sah ich die letzten Felsen Japans, während unser Dampfer in den unendlichen Stillen Ozean hinaustrat, sich sanft in großen Hohlwellen wiegend auf dem Meere, das uns drei Wochen lang tragen sollte bis zum Far West Amerikas. Eine Wettfahrt, eine Konkurrenz zweier Linien, der englischen und amerikanischen war es. Der Kapitän hatte die feste Absicht, anstatt in einundzwanzig, in achtzehn Tagen überzufahren. Als wir das letzte große Leuchtfeuer Kuwanon-Saki am Eingange der Yeddobai passiert hatten, wurde das Rollen stärker, die See düsterer.

Der Gedanke, drei Wochen lang kein Segel, kein Land sehen zu sollen, wirkte herabstimmend. Ich dachte jedoch an die in wenigen Tagen vollendete Hälfte der Reise um die Erde.

Blicken wir zurück auf die verschiedenartigen Völkerstämme, welche der Osten Asiens uns gezeigt hatte, so war uns klar, dass bei jenen des tartarisch-finnischen Sprachstammes der mongolischen Rasse die verschiedensten Kulturabstufungen herrschen. Stellen wir den Japaner neben den Ainu, den Koreaner, den Kalmücken, den Ostsibirier, den Samojeden u. A. m., so erkennen wir eine Ausbildung in Literatur, Künsten und Handwerken, wie sie nur durch die Verwandten des chinesischen Sprachstammes übertroffen wird. Bei den Chinesen aber ist die Quelle dieses nationalen Aufschwungs zu suchen, denn nur durch die Mischung der Urbewohner (Ainus) mit chinesischen Einwanderern war die Veranlassung zu der Entwicklung Japans geboten. Sie war freier, darum den europäischen Erfindungen entgegenkommender als in China, obwohl dieses das Dejima der Japaner in den Treaty Port längst vervielfältigt hatte, ehe Nippon den Europäern 1854 erschlossen worden war. Ja, den Vätern der modernen Japaner war es sogar untersagt gewesen, über Nagasaki hinaus Handel zu treiben!

Chinas Ursprünglichkeit findet in Japan einen liebenswürdigen Abklatsch, ohne auf den von dem asiatischen Festlande herüberkommenden Wanderer denn Eindruck großer Originalität zu machen. Neben den japanischen Schriftzeichen figuriert die chinesische Schrift, die Seidenkultur, das Porzellan, die Bronzefabrikation, der Schiffbau. Die Kanäle, die Bewässerung, der Haus- und Brückenbau – es sind Sprösslinge des Reiches der Mitte, dessen Wiege in Zentralasien liegt. Darum begreift man, dass die Imitationsgabe dem Japaner angeboren ist. Er imitiert erst den chinesischen Stammvater und nun hat er Europa zum Vorbilde genommen.

Möchte man seine Kunsterzeugnisse originell nennen? Originale sind sie nicht. Was mich betrifft, so fand ich sie vom Standpunkte des Schönheitssinnes immer nur bizarr, des Ebenmaßes entbehrend.

Aber eine große Versöhnerin steht zwischen dem modernen Kulturmenschen und der Geschmacklosigkeit: die Mode. Diese verträgt alles, nur nicht den Widerspruch. So muss ihr Gegner sich beugen, denn des Menschen Wille ist sein Himmelreich.

Ein Bruch der Verträge mit Europa könnte Japan nur Schaden bringen. Es würde dann wohl eine Kolonie werden. Dieser Fall träte nicht ein, wenn die Japaner in kluger Berechnung ihrer Originaltugenden ihre mit der wohltätigen Invasion europäischer Kultur nicht im Widerspruche stehenden inneren Einrichtungen als interessantes Objekt des abendländischen Studiums aufrechterhalten, wenn die Bestechlichkeit der Zollbeamten aufhören, ein Gemeindeleben geschaffen, die Willkür der Muranos (Bürgermeister) und Provinzialbeamten gesteuert würde. Wenn man Grundbesitz an Stelle des Pachtverhältnisses einführen, Zuchtvieh und Straßen pflegen, den horrenden Steuerdruck aufheben und der gefährlichen Entholzung ein Ziel setzen wollte.

Die Durchforschung der Literatur ist kaum begonnen. Wer weiß es, welche Aufschlüsse sie über den Osten Asiens oder vielleicht gar über die sagenhafte Entdeckung Amerikas durch Japaner gäbe, für welche letztere der Typus des nordamerikanischen Prärieindianers wohl spräche.

Sollte es einst eine Verbindung, vielleicht über ein Festland, dessen Reste der Bogen der Aleuten sein könnte, gegeben haben? Die Japaner sträuben sich gegen jede derartige Annahme. Sie wollen nicht verwandt sein mit anderen Völkern, sie wollen durchaus Autochthonen sein, was zu beweisen ihnen wohl nur so lange gelingen wird, als man sie nicht ansieht und ihre geistigen Produkte betrachtet. Denn alle wissenschaftlichen Werke sind nebst der Papierfabrikation und der Buchdruckerkunst aus China importiert. Die Schriftzeichen sind meist chinesisch, wenn auch der Inhalt japanisch ist.

Der eigentümliche Ausfluss der Initationssucht dieser Kultur-Neophyten ist die Stellenkreierung. Sie ist jedes Mal ein Trompetenstoß, um der Welt zu zeigen, dass in Japan die Kultur einen neuen Schritt getan habe. Mit der Stelle eines Landesagronomen hätte man vor zwanzig Jahren beginnen sollen. Die zweite hätte nach meiner Ansicht die eines Inspektors der Nutzviehzucht, die dritte die eines Straßenbaudirektors sein müssen, nicht aber die von französischen Sergents und preußischen Wachtmeistern. Jene Montanisten, welche 1874 vergeblich auf Anstellung warteten, nachdem sie in Europa auf ihre Posten verzichtet hatten, weil sie von der japanischen Regierung mit verlockenden Versprechungen eingeladen worden waren, mussten unverrichteter Dinge heimkehren.

Dank der Energie Herrn v. Brandts erhielten sie eine Entschädigungssumme, welche ihnen wenigstens die Heimreise ermöglichte. Dieser Fall beweist, dass es ihnen nicht ernstlich um die Bewertung europäischer Kenntnisse zu tun war. Der Fortschritt ist eben nur der Aufputz.

Mit einem Worte, was auch Japan leisten wird. Tiefere Wurzeln kann europäische Bildung im Volke so lange nicht schlagen, als bis eine gründliche Umwälzung der national-ökonomischen Verhältnisse stattgefunden haben wird. Einige Vertreter anderer Nationen, Kaufleute und mehrere damals in japanischen Diensten stehende Personen klagten über die Schwierigkeiten des offenen Verkehrs mit Regierungsbeamten und dem japanischen Kaufmannsstande und leugneten größere Erfolge ab. Alle jedoch zweifelten nicht an der Fähigkeit, im Falle einer Umwandlung der Grundnormen der Bewirtschaftung und der sozialen Verhältnisse geistige Vorteile zu erringen. Es ist nicht zu verkennen, dass Europa große materielle Erfolge durch Japan errungen hat. Aber schon heute ist in Folge des Exportes die Fabrikarbeit an die Stelle jenes Kunsthandwerkes getreten, welches einst an den Daimiohöfen blühte.

Für mich haben den größten Wert die europäischen Schulen. Darunter besonders die medizinischen: Wer Humanität und ihre Hilfsmittel in ein Land trägt, in welchem sie früher ziemlich unbekannt waren, der ehrt sich und erhebt andere.

Mamsell Espenlaub

Eine japanische Dorfgeschichte

I.

Bei einer Häusergruppe, deren Dächer aus geschorenem Stroh mit Schwertlilien besät waren, beginnt unsere Geschichte. Das ist an der Strasse Tokaido zwischen Yeddo, oder Tokio, und Yokohama. Vor dem Teehause, „La bella Espanola" genannt, hielt eine elegante europäische Equipage, bespannt mit zwei kleinen à la romaine geschorenen Pferdchen, welche ein Kutscher, angetan mit dem japanischen Ärmelrocke, das Haupt beschattet von einem riesigen weißen Champignonhute, lenkte.

Die schlanke, schon etwas verblühte Teedame, welche vor den Pforten Yokohamas die Honneurs machte, war die Frucht der Liebe eines spanischen Matrosen und einer Japanerin. Da es Sitte war, hier zu halten, so fügten sich auch die beiden Insassen dieses Wagens, zwei elegante Herren, indem sie mit der ältlichen Kokette einige schwerlich salonfähige Worte tauschten.

Der Ältere war Herr Kaufmann Öhler, welcher einige freie Tage benützte, um in seinem Wagen einen Ausflug mit seinem Gastfreunde Doktor der Chemie Clärens zu machen. Clärens weilte in Heeresausrüstungsangelegenheiten zu Yeddo und war dort in lebhaftem Verkehre mit dem Kriegsminister.

Eben wollte der ungeduldige Kutscher die feurigen Pferdchen wieder loslassen, als Öhler mit einem kräftigen „Sukoshi matte (halt ein wenig)" ihn zum Stillstande brachte. Er wollte noch einige Worte anbringen.

„Tetsudo, tetsudo! Joukisha!" antwortete der kurzbeinige Rosselenker und wies mit der Peitsche gegen den Bahndamm.

„Er meint, der Zug könnte kommen? – Nein, wir wollen hier noch fragen. Ich kenne eine alte Frau und die hat ihr bildschönes Töchterlein nach Enoshima gegeben. Diese Insel ist unser heutiges Ziel. Die Jinrikisha – ein chinesisches Wort, welches „Mann-Kraft-Rad" bedeutet – sind vorausgeschickt. Ich machte den Weg noch oft im Kago, der Sänfte, in der man Qualen aussteht, wenn man lange Beine hat. Also, diese Alte, von der ich höre, dass sie seit längerer Zeit krank sei, würde sich gewiss sehr freuen, wenn wir ihre Tochter besuchen wollten. Ich verspreche mir einen köstlichen Scherz mit der japanischen Prüden, denn sie sind gar nicht so schüchtern, wie sie sich geben. Hübsch, klug, umworben ist das Katzengesichtchen, jedoch so ängstlich, dass sie jedes Mannes Nähe erzittern macht. Die Alte will sie verheiraten. Das wäre so etwas auf Zeit ‚pour le sejour' für Sie."

Sie stiegen aus und begaben sich in eines der strohgedeckten Häuser. Eine zahnlose Alte erhob bei dem Anblicke des Herrn Öhler ein Freudengeschrei: „Arimasho, arimasho! Abunaiyo, abunaiyo, issho ni, issho ni!"

„Was meint sie?" fragte Clärens.

Öhler übersetzte: „Ich will haben, du sollst acht geben, Ihr beide zusammen! Nun wollen wir fragen, warum?"

„Nani? Doko maru? (Was? Wohin zielst du ?)"

„Ushiro, ushiro arimasuka musume beppin."

"Wakarimasu (Ich verstehe)."

„Hinten werden Sie hübsche Mädchen haben: Das heißt, laufen Ihnen nach, so heißt das, Doktor, sage ich, Sie sind ‚Griffin', wie die Engländer hier den Neuling nennen, und ich will Ihnen nicht bloß die Curios der Piloten-Strasse zeigen, sondern noch andere Seltsamkeiten des Landes."

„Shiroi musume, murasaki dakai musume, ki-iro musume, tsuki, hoshi dekimasu, arimasuka oki kin, gin, satsu."

„Weisse, purpurne, rote, gelbe Mädchen! Mond und Sterne wollen es tun, haben Sie große Gold, Silber, Papiergeld?" lautete die Traduktion.

„Chisai dekimasen (Kleine werden's nicht tun)" antwortete Öhler. „Aber genug mit dem Geplärre. Wir wollen weiter!"

Er flüsterte der Alten noch etwas ins Ohr. Clärens verstand nichts davon, aber es musste sich um Erinnerungen gehandelt haben, denn das Weib schüttelte sich, patschte mit den Händen und schrie immer Sukiyo! Suru de aru! Kitanai! Kitanai!

„Kitanai" heißt "schmutzig", das wusste Clärens. Die Worte mochten nicht die Gewähltesten gewesen sein, dass sie selbst der alten Japanerin nicht gut vorkamen. Eine Geldrolle klärte ihn auf: Es war ihr zu wenig gewesen. Vielleicht gab es einst zartere Bande? Er wollte nicht fragen, doch Herr Öhler fing selbst davon an, nachdem sich die Alte mit einem lebhaften „arigato arigato! (danke) entfernt hatte.

„Denken Sie, die Alte war vor zwanzig Jahren meine Geliebte, als ich als blutjunger Commis hier angekommen war. Ihre Tochter stammt aus der später geschlossenen Ehe mit einem japanischen Kaufmanne, dessen

Los ich in Händen hatte und der bis heute durch mich ein reicher Mann geworden ist. Sie erzählte mir vor einiger Zeit, dass ihre Tochter, welche wir scherzweise ‚Mamsell Espenlaub' nannten, sich ermannt habe – wenn man von einem Mädchen so sagen darf – , nun entschlossen sei, den Ersten, der um sie wirbt, zu heiraten, weil ihr das Wählen so schrecklich sei."

Arme Yamome.

„Sonderbares Geschöpf" sagte Clärens. „Unsere Europäerinnen sind nicht so ängstlich. Ich habe in der Schweiz ein deutsches Mädchen gekannt, das mit allen Salben gerieben war, und die Albionstöchter wollen nur Diskretion, von Amerika ganz zu schweigen, wo Jede tun kann, was sie will! Hier im äußersten Osten Prüderie?"

„Es ist, wie wenn ein Mutloser sich in den Kampf stürzte, nur in der Erwartung, das Bangen vom Halse zu haben. Sie ist so schön. Alle Wochen mussten hier die Papierfenster erneuert werden, denn sie sahen schon nach wenigen Tagen wie Siebe aus. Die Knaben sogar feuchteten die kleinen Finger an und stießen sich Gucklöcher in die Papierscheiben. Das Verkleben nützte nichts. Und ihren Namen schrieben sie mit Kohle, das ist billiger, als die Initialen mit dem Diamant einzuritzen! Bald hatten sie's los, um welche Zeit gebadet wurde. Das war sogar der Mutter Yamomes zu arg. Sie schickte den Schatz nach der Insel Enoshima."

„Nie geliebt sollte das Kind haben?" fragte Clärens ungeduldig.

„Einen hat sie lieb gehabt, aber der ging als Student nach England. Er hieß Watahiro Mushigato. Als die Kriegstrompeten ertönten, kam er direkt nach Yeddo und eilte, ohne Katissa zu besuchen, unter die Fahnen nach Korea. Par depit scheint das Mädchen nun den heroischen Entschluss gefasst zu haben. Übrigens ist Yamome sehr gebildet, spricht englisch, französisch, malt Blumen und Schmetterlinge auf Seide, singt zur Biwa, denn sie ist aufgewachsen in einem feinen Teehause im Verkehre mit Vornehmen, während Watahiro Mushigato der Sohn eines tätowierten Lastträgers ist, wie sie in den Strassen herumheulen. Aus Liebe zu Yamome wollte er Arzt werden und ich bot ihm die Mittel, in England zustudieren. So steht's. Wenn Sie aber dem Watahiro auch des Mädchens Herz abwendig machen, dann muss er sich wohl eine Andere suchen. Ob ihm die Kriegsgöttin Bellona nicht besser gefällt? Treten Sie nur recht als Jupiter europaeus auf, dann zittert das scheue Reh vor Ihrer Strenge und ziert sich nichtlange."

„Sie scherzen!" unterbrach ihn Clärens.

„Ich scherze gar nicht. Solche Dinge kommen hier so häufig vor und ich meinte, Sie wollten auch Japans Frauen kennen lernen, unbeschadet Ihrer europäischen Sittlichkeit? ‚Ländlich sittlich' heisst es doch. Jeder von uns hat seine japanische Frau. Glauben Sie, wir nehmen so ein Ding mit nach Europa? Dem japanischen Ehemanne liegt ja nichts daran, ob seine Braut zuvor in den Armen eines anderen lag, wenn's nur kein Kuli war."

„Es gab doch schon Eifersuchtsattentate hier."

„Höchst selten sind solche Racheakte geworden und sie haben meist einen politischen Charakter. Innerhalb der ‚treaty limits', der vertragsmäßigen Grenzen, gibt es wohl schwerlich mehr solche Narren! Sie liefern ja Waffen für den Krieg. Was wäre da politischer Hass zu fürchten? Sie arbeiten ja für Japan."

„Massugu! Gyosha betto! (Kutscher vorwärts!)"

Die unruhigen Tierchen flogen auf dem Tokaido, dass die Räder in der Sonne glitzerten. Nach wenigen Stunden hatten sie den Punkt erreicht, wo die Ninsogos mit den Jinrikishas warteten.

II.

Der Mond brach aus den Wolken und warf eine lange Lichtsäule auf die bewegten Wellen, die in großen geschwungenen Reihen die Sandfurt, welche Enoshima bisweilen zur Halbinsel macht, bespülten. Schwarze Finsternis lagerte über dem Coniferenhügel, in tiefem Schlafe lag die Landschaft. Nur aus einem abseits gelegenen Hause, von dessen Terrasse man den Fujijama erblicken konnte, dem Teehause Fujimiro, ertönte noch die Biwa.

Ein Mädchen war's: Es strich mit dem geschnitzten Holze über die Saiten. Den kleinen Mund kreisförmig öffnend, den Kopf gegen die Zimmerwand gelehnt, bildete sie die sanften Klagetöne ihres melancholischen Liebesliedes, das, schüchtern wie ein gefangenes Vöglein, den Stäben des Käfigs entrinnt. Wie die Sängerin berückend war! Das kreuzweise gelegte Oberkleid mit dem Sammetbesatze schien ihr zu eng geworden. Das üppige schwarze Haar, kaum zu bändigen, lag in losen Flechten über den weißen, schön gerundeten Schultern und rollte bis an die ausgeprägten Hüften herunter.

Das Lied war monoton, ein Volkslied. Nach jedem Refrain holte das Mädchen tief Atem, wendete dann den Kopf zur Seite, als wollte es schauen, ob kein Lauscher in der Nähe sei und fuhr dann fort zu singen:

„Ichi, ni, san, shi (eins, zwei, drei, vier)
Weiße Kirschenblüten
Von Asakusa
Weisse Kirschenblüten
Seh' ich da! Go, roku, go roku (fünf, sechs)
Kam ein Mädchen
Schwarz von Haaren
Shichi, hachi, ku (sieben, acht, neun)
Kam ein Knabe
Blond von Haaren
Ju, ju-ichi (zehn, elf)
Kirschenblüten
Ju-ni (zwölf)
Von Asakusa
Ju (dreizehn)
Von den Lippen
Blüht die Liebe
Ichi-do, ni-do, san-do (einmal, zweimal, dreimal),
Ichi-do, ni-do, san-do
Dreimal blüht die Liebe
Kirschenblüh' ihr Grab
Weisse Kirschenblüten
Von Asakusa
Weisse Kirschenblüten!"

Nach jedem Verse griff sie in die Saiten der Biwa und nach der Strophe folgte ein kurzes Zwischenspiel, dann begann sie inniger:

> *„Welch ein Bangen fasst die Süße!*
> *Mutter mahnet: ‚Küsse, küsse'!*
> *Sprach: Den Ersten, den ich schaue,*
> *Dessen Herz ich mich vertraue*
> *Will ich wählen*
> *Und nicht zählen!*
> *Mit dem Besten mich vereinen*
> *Mutter, wirst Du nicht mehr weinen?*
> *Wo ist der Beste, der Erste, der Beste?*
> *Vöglein wartet Dein im Neste!"*

Sie horchte auf und legte die Biwa weg.

Ein Knistern ließ sich vernehmen. Ein Schatten huschte von außen über das Papierfenster, ein Finger tippte an eine Stelle, wo er durchfuhr. Ein Riss und ein Auge erschien hinter dem Guckloche.

Mit einem schwachen Schrei floh die Schön ein eine Ecke. „Ein Überfall", dachte sie. „Ich muss meine Tante wecken."

„Musume!" flüsterte von außen eine Stimme. „Sag' mir, machst du auf?"

„Ohaio, Ohaio! Du bist's!

„Watahiro Mushigato ist's, Dein Bräutigam!"

„O nicht! Mein davongegangener Freund! Sind Freunde schon Verlobte?"

„Katissa, süßes Täubchen, Yamome, mein Fischlein!"

Der Hand folgte ein Arm und der wendete und drehte sich so lange, bis der Riegel offen war. Da aber sprang das Mädchen hin und hielt mit aller Kraft die schwache Tür zu.

"Was tust du, Ninsogo?"

„Zu Dir komme ich, meine Sonnenblume!"

„O komme nicht!"

127

„Ich, Dein Verlobter?!"

„O, komme nicht, wenn du mich lieb hast!"

„Ich komme, weil ich dich lieb habe."

„Andere hast du auch lieb. Warst du in Europa deiner Yamome treu?"

„Treu, wie ein Hund."

„Wie ein Windspiel, oder ein Jagdhund?"

„Ein Haushund."

> *„Budoshi ist oft rein, die Traube*
> *Doch Budoshi selten klar*
> *Dieses i aus Weines Laube*
> *Macht dein Wort für mich nicht wahr!"*

trällerte sie…

Er antwortete:

> *„Sake ist der Trunk des Volkes*
> *Branntwein aus des Reises Kraft*
> *Doch Budoshi aus der Traube*
> *Bleibt doch immer Rebensaft"*

„Yamome heiß ich, die Forelle, bleibt nicht hier, nicht dort zur Stelle", spottete sie.

Nochmals versuchte er einzudringen, aber sie stemmte sich energisch gegen die Tür und rief: „Wenn du mir Angst machst, so habe ich kein Vertrauen! Nur der Erste, dem ich vertraue, soll mein Gatte werden!"

„Mein Schmetterling"

„Geh', mir bangt vor dir! Hast du solche Sitten in England gelernt? Geh' zurück!"

„Mein Kätzchen, wenn ich nicht wiederkäme?"

„So komme nicht!" brummte sie, den Kopf schon auf dem Holzkissen.

„Gute Nacht!" sagte er traurig und schlich um das Haus gegen die Strasse, welche sich steil gegen den Strand senkt. Als sie aufblickte, sah sie in dem Ausschnitte des Papierfensters ein Tuch. Sie streckte den Arm aus und zog es herunter. Dunkle Stellen waren darauf. Sie hielt es zur kleinen Öllampe. Blutbefleckt war es. -Jetzt dachte sie an den Krieg. Er war verwundet und doch gekommen? „Treue Seele!"

Die Tränen schossen ihr in die Augen. Sie öffnete das andere Fenster und rief in die Nacht hinaus leise:

„Watahiro, Watahiro! Komm'. Ich küsse dich!"

Ihr Ruf verhallte in der Luft. Nichts war zu vernehmen, als das regelmäßige Anschlagen der Wellen in der kleinen föhrenumkränzten Bai von Fujimiro.

III.

Über der mit Coniferen, Segni- und Matsubäumen bewachsenen Düne tauchten drei von Ninsogos gezogene Jinrikishas auf. In dem ersten saß Herr Öhler, im zweiten Dr. Clärens, im dritten ein Koskai für Bedienung und Kochen. Der Wagen mit dem Gyosha betto war zurückgeblieben bei dem Daibutsu, dem großen Buddha, der nur übertroffen wurde von dem bei Miako, nördlich von Kobe (Hiogo), im Tempel des Tokosi, dreiundachtzig Schuh hoch, Rusiana, der Glänzende genannt, den ein Erdbeben zerstörte. Der fünfzig Schuh hohe Daibutsu bildet einen Tempel. Er ist aus Bronzegussstücken zusammengesetzt, welche, mit Namen überdeckt, die Symbole des Gottes tragen: Die Warze der Andacht auf der Stirn vom Legen des Hauptes auf den Boden, die „langes Leben" bedeutenden geschlossenen Daumen, die durch schwere Ringe gezerrten Ohrläppchen.

Die „Kaminushi" oder Tempelpriester kehrten soeben einige fromme Spenden mit ihren Besen zusammen und rechneten mit den Kugeln des Saroban den Gewinn des Tages zusammen. Ihre Trinkgeldmienen wurden lebendig, als der ihnen bekannte reiche Herr Öhler eintraf, dem sie Photographien, „Yokohama-Spring-Valley"-Bier und ein Fremdenbuch zum Eintragen der Namen auf den Tisch brachten. Ein Betto war inzwischen vorausgelaufen, um im Teehause zu Enoshima Quartier zu bestellen. Er saß schon längst, in seinem Mino aus Stroh gegen den Regen geschützt, vor der Tür, als die Zugmenschen mit ihrer

Last auf Rädern über die, beiderseitig von schäumenden Brechern bespülte Landzunge keuchten.

Zierlich im Schatten der großen Bäume lag, wie angeklebt, das Dörfchen. Weißumschäumte, dunkelbraune Klippen tauchten von Zeit zu Zeit empor.

Vor einem Teehause, zugleich Chaya mit Speisen für den Wanderer, wurden Muscheln und Meerfrüchte verkauft. Sie betrachteten einiges.

„Ohaio, ohaio!" tönte es aus der Tür.

Sechs fröhliche Mädchengesichter erschienen. Doch es war ein Teehaus geringerer Sorte. Auf einer Art Bühne, die als Bank diente, lag ein Stück Oshio (Holztuch). Die Herren ließen sich weder durch Tseruchi noch durch Shoya (Fleisch- und Fischgerichte) verlocken, kosteten auch keinen Sake und beschränkten sich nur auf eine Tasse Cha (Tee).

„Ikura-ka? (wie viel)" fragte Öhler.

Die Musumes schielten nach dem gespickten Geldbeutel, der mit Trade Dollars, Ryos, Bous und anderen Münzen des reichen Mannes gefüllt war, aber sie wussten wohl, gegessen und geschlafen wurde hier nicht. Auch Widerspruch wagten sie nicht, denn ein Wort eines so angesehenen Freundes der Minister bei dem Yakunin, dem Polizeioffizier oder dem Mura-no-shikusho (Bürgermeister) würde sie par ordre des Honjin (politischen Beamten) um ihre Stelle bringen.

So erklärte Herr Öhler selbstgefällig.

> *„Die köpf' ich ohne Gnad'*
> *Um die ist's ja nicht schad'!"*

sang Clärens, wie er es in Sullivans Operette „Mikado" gehört.

Öhler lachte: „So war es einst. Aber das Lied von der Bachstelze ist heute noch wahr: Empfindsam sind sie alle, wie die alte Katissa auf den Brettern."

Nun gingen sie zu einem sogenannten „Family-Hotel" dicht bei dem Fujimiro, wo Yamome wohnte. Es war reinlicher, hatte sogar Matratzen und ein Kohlenbecken in der Mitte des Schlafraumes, das den nur von Papierschubwänden umgebenen Raum wärmen sollte. In den Ecken lagen die hölzernen Kopfpolster, die Makuras für die Nacht. Der Boden war mit Tatamis (Strohmatten) bedeckt.

Öffnete man, so zeichnete sich der beschneite, weissköpfige Fujijama, 10.000 Fuß vom Meere aufsteigend, wie eine umgekehrte Tüte vom dunkeln Himmel ab.

Die Herren besuchten nun die Insel mit ihren hübschen Laubbäumen. Da priesen alte Weiber mit unverständlichem Geschnatter ihre geweihten Waren für die Pilger zur heiligen Insel. Daneben verkaufte ein Knabe absonderliche Muscheln und getrocknete Meerestiere, meist übelriechende Seeigel zur Erinnerung an die Stätte frommer Gelöbnisse. Auf Tafeln waren die Spender größerer Votivgeschenke genannt. Bei einem Tempel schlugen die Beter an den Gong und riefen den Gott. Andere kauten Papierchen und spuckten dieselben geschickt und voll Ehrfurcht auf ein Heiligenbild und betrachteten sich als erhört, wenn die Papiere kleben blieben. Kranke rieben einen kleinen Buddha an der Stelle, wo sie Schmerzen hatten oder spendeten Votivkrücken, Zahnbürstchen, Hände, Füße und Herzen aus Holz und Metall.

„Wuen teki, wuen teki," schrie ein Knabe und bot Abbildungen der Gottheit an. Diesen Ruf verstand selbst Herr Öhler nicht, bis er endlich erkannte, dass es schlechtes Englisch sei statt „take one (nimm eines)".

Weiter oben, zwischen niederem Buschwerke, sahen sie hinunter in eine Schlucht am Meere. Dort hing ein einsamer Strohkranz auf einem heiligen Steine, wohl als Andenken an teure Tote? Vier dichte Föhren krönten den Hügel an dieser Stelle und von dort aus sah man gegen Shimoda und drüben die Höhen von Yokosuka, ferner die Flussmündung bei Katasse und das schwarze Gewimmel auf der gelben Sanddüne im tiefblauen Meere! Eine Wolke lag quer über dem Zuckerhute Fujijama.

Nach peinlicher Kletterei trafen die Reisenden an der Seeseite am Fuß des Hügels ein. Von Stufe zu Stufe glitten sie über Steinflächen und zwei Fischtaucher führten sie an der windgepeitschten Brandung vorüber, die sich zu ihren Füssen brach. Nur bei Ebbe konnte die Heilige Grotte von Enoshima besucht werden. Sie krochen durch ein Felsenloch. Ganz im Hintergrunde standen Priester, umgeben von Lampen,

Götzenbildern, Opferbrettern, Rosenkränzen, Votivlaternen und Gebetmaschinen.

Die Herren aber gaben nichts, sondern schleuderten kleine Münzen in die Brandung, nach denen arme, wegen der Kälte angekleidete Fischer tauchten.

Als sie das Hondo, die Kapelle im Felsen verlassen hatten, stiegen sie wiederum aufwärts. Durch eine Art von Dschungel erreichten sie das Teehaus über der Bai.

Unter der Tür des Fujimiro stand Yamome, die Gitarre nachlässig auf ein Knie stützend, ihren Fächer zwischen den Fingern.

Herr Öhler trat auf sie zu und sagte: „Ohaio, Kind meiner Freude! Hier ist mein Freund, ein gelehrter Mann. Er ist Chemiker. Du weißt nicht, was das ist. Aber ich sage dir, er kann alles machen, er steht im Range gleich nach dem Herrgott."

Das Mädchen knickste verlegen und eine Blutwelle überzog ihren gelblichen Teint bis an den Nacken. Der Anblick des schönen Dreißigers mit den ernsten Zügen, mit dem dunkeln Vollbarte und dem ruhigen Blicke schien sie zu verwirren.

Dr. Clärens reichte ihr die Hand wie einem Kinde. „Ist das Mädchen schön! Diese Augen!" sagte er zu Öhler bewundernd.

„Still, sie versteht ein wenig deutsch", warnte dieser.

„O, dann sag' ich ihr's auch noch japanisch", scherzte der Doktor: Musume beppin!"

Sie lachte und zeigte dabei zwei Reihen tadelloser Elfenbeinzähne. Das schien ihr zu gefallen.

„Und auf der Biwa ebenso geschickt," lobte Öhler, „wie auf dem Shamisen und dem Samsik zu Hause. Tanzen kann sie, Shamisen mit dem Tamburin besser als alle Geishas und Guechas und malen, Blumen und Kirschenblüten, Schmetterlinge und Vögel."

„Und sie sollte nicht lieben?" fragte sich Clärens.

Öhler erriet seine Gedanken: „Er ist nicht einmal ein Sotsu mit Waffen, nicht wahr, Yamome? Aber er lernt in England, ein Arzt zu werden, auch ein Doktor, wie dieser Herr."

Das Mädchen zuckte und hob die Achseln, als wollte es sagen: „An Jenem liegt mir nichts!"

„Yamome!" sprach Öhler feierlich, „du wärest würdig gewesen, in dem Sirio eines Daimyo das Leben zu verträumen, oder wenigstens eines Shizoku Yasukin als Chatelaine zu verherrlichen. Geborene Aristokratinnen sind alle Mädchen: Jede will aufwärts! Jetzt stecken euch Heiraten mit Europäern in den Köpfen. Was bedarf es noch des langweiligen Fensterln an der Papierscheibe? Ihnen, Doktor, steht die Tür offen. Sie sehen: Yamome wird Ihnen zeigen, welche Künste sie beherrscht! Erwarten Sie mich hier, während ich meine Geschäftsfreunde im Dorfe besuche. Bon amusement!"

„Öhler, was wollen Sie?" fragte Clärens leise.

„Nun, Sie allein lassen zum Studium der japanischen Frau, wie ich's versprach. Sehen Sie denn nicht, wie die feurige Jungfrau Sie mit den Augen verschlingt? Vorwärts und die Festung im Sturm genommen!"

„Dem Doktor war diese Situation sehr peinlich: Eine weniger umfassende Gastfreundschaft hätte er sich gewünscht, aber Öhler zog bereits ab und warf die Schubtür zu.

„Biwa spiel', soll Yamome?" fragte das Teufelchen in verführerisch gebrochenem Deutsch. „Kalt drauss', hier warm, gut!"

Der reizende Akzent packte auch den ruhigen Deutschen. Er nickte zustimmend und blieb stehen. Da bemerkte er, dass er die Stiefel nicht abgelegt hatte. Ein Verbrechen, die Matten zu betreten mit den Schuhen. Er entledigte sich derselben und nahm Pantoffel aus der Ecke. Yamome kauerte sich neben den Teekessel und begann zu präludieren zu dem Liede von den weißen Kirschenblüten.

„Kirschblüten von Asakusa. Von den Lippen blüht die Liebe."

„Welch' ein Bangen fasst die Süße!
Mutter mahnet: Küsse, küsse!
Sprach: den Ersten, den ich schaue

> *Dessen Herz ich mich vertraue*
> *Will ich wählen*
> *Und nicht zählen*
> *Mit dem Besten mich vereinen*
> *Mutter, wirst du nicht mehr weinen?*
> *Du bist der Beste, der Erste, der Beste:*
> *Vöglein wartet dein im Neste!"*

Sie blickte ihn so schelmisch an dabei: Ihm wurde es warm ums Herz.

„Soll ich noch einmal?" fragte sie lauernd.

Da fasste er sie und küsste ihre Kirschenlippen: „Nein, ich verstehe dich schon. Ich verstehe dich, Schatz!"

Sie ließ es willig geschehen.

Dann sprang sie auf und fing Shamisen an, graziöse Tritte und Bewegungen, dass dem Manne schwül wurde. Immer enger zog sie die Kreise um den auf einem Polster Sitzenden, bis sie endlich Halt machte und sich auf seinen Schoß warf.

Da war alle Zurückhaltung vorüber: Er umschlang sie, presste sie heiß ans Herz.

Und mit geschlossenen Augen, indem sie die Finger durch die Saiten zog, summte sie:

> *Mutter mahnet, küsse, küsse!*
> *Mutter, nimmer sollst du weinen!*
> *Er ist der Beste, Beste, Beste*
> *Vöglein flieg aus Deinem Neste."*

Dann sprang sie auf und fiel ihm um den Hals.

Er kniete sich vor sie und fragte: „Liebst du mich auch?"

Yamome stützte sich auf den Arm und hob den Kopf: „Nur, wenn Du mich mitnehmen willst."

„Mitnehmen? Denke doch, nach Europa. Ich bin Christ, du bist Heidin."

„Buddha ist gut wie Dein Gott! Darf ich's? Ich bin deine Sache, wenn du mich nimmst."

„Aber Kind! Also liebst du mich nicht sonst auch?"

„Du liebst mich nur in Japan und ich liebe dich nur, wenn ich ewig dein bin. Hörst du nichts?"

„Herr Öhler holt mich wohl?" antwortete er.

„Nein, nein, ein Knistern!" sagte sie ängstlich.

„Nein, ich höre nichts," versicherte Clärens.

Beide lauschten. Es war alles still.

„O, ich bin dein, auch so!" rief sie, ihre Arme um ihn schlingend. „Eine Stunde bei dir ist besser, als ein Leben bei den anderen. Ich kann dich nicht lassen!"

Mit beiden Händen fasste sie seinen Kopf und bedeckte seinen Bart mit Küssen.

Der Schein einer Laterne streifte die Hütte.

„Jetzt?" Sie legte die Zeigefinger an die Lippen. Das Knistern war wieder zu vernehmen. Jetzt hörte er es auch. Ein Schatten erschien an der Papierwand, aber undeutlich.

„Kaishaku!" tönte es plötzlich draußen und Schritte entfernten sich rasch.

„Was heißt das?" fragte Clärens erstaunt.

„Ein wilder Fluch: ‚Henker!' heißt Kaishaku und Rache hat dir einer geschworen. Ich kenne die Stimme nicht. Bleibe jetzt hier bis zum Morgen, sonst tötet er dich."

„O, du kennst die Stimme!" argwöhnte er.

„Gut, ich kenne sie: Mein Bräutigam, das wilde Tier nennt sich so!"

„Aber Kind, Herr Öhler wartet drüben im Family Hotel. Lass mich zu ihm!"

„Morgen früh! Jetzt bleibe und dann nimm mich mit nach Yeddo. Weg, weg von dem Watahiro!" flehte sie. „Ich bin deine Sache."

IV.

Öhler hatte indessen bei dem Lichte von in Ale-Pints gesteckten Kerzen gegessen. Er wunderte sich über den geringen Hunger Clärens', „aber die Leckerbissen von Fujimiro munden ihm jedenfalls besser", dachte er. Seine Lage war keine beneidenswerte: Die schwarzgezahnte Aufwärterin belächelte und bespöttelte alles, betastete die Kleider und das mitgebrachte Tischzeug, schlug bei jedem Scherze dem Kaufmanne auf den Rücken, griff in die Schüsseln und teilte dann wiederum mitleidig von ihrem Raube mit, bis endlich der Gast die Geduld verlor und rief: „Da bring' ich alles mit. Du teilst mit mir die Mahlzeit, statt des Freundes, und die Matten muss ich dir noch teuer bezahlen?"

Er rief nach seinem Diener und ließ die Frau hinauswerfen. Schlaftrunken fiel nun Öhler auf das Lager. Von Zeit zu Zeit stimmte er schwach sein Lieblingslied: „Im tiefen Keller…" an. Bald aber senkte sich Vergessenheit auf sein Haupt. Vergessen war auch der Gefährte, welcher, Speise und Trank entbehrend, in den Armen der Liebenden schwelgte.

Die Frau schlich hinüber. Neugierde trieb sie und sie lauschte, wie die Tauben schnäbelten.

Da fühlte sie eine Hand auf der Schulter und hörte Worte.

Stockfinster war es, aber die Stimme kannte sie! Es war die eines Jünglings, welcher in der letzten Nacht bei ihr gewohnt hatte. Er trug die Uniform der Armeeärzte.

„Willst du mir helfen?" fragte er.

„Herausgejagt hat er mich!" klagte das Weib.

„Wer, der Alte?"

„Ja, der deutsche Kaufmann von Yokohama."

„Und der Zweite? Wo ist der?"

„Ist bei deiner Yamome!"

„Das wusste ich, Treulose! Kaishaku!"

„Nicht so laut! Ich verberge dich, und, wenn du willst, sage ich dir, wohin sie reisen. Drüben, wo der Major Baldwin gefallen ist, du kennst die Stelle, vor dem Tempeltore, dort, mein Herz, verberge dich. Du sollst sie wieder haben."

„Gut. Ich weile im Dache. Du brauchst nur zu singen, was ich wissen soll. Stelle Dich zur Leiter, " sagte er und verschwand oben. Die Leiter nahm sie fort.

Als nach verträumter Nacht Herr Öhler direkt an die Schubtür klopfte, um die Zeche zu verlangen, erschien der Ortsvorstand mit einem Yakunin. Er bot den Mann zur Begleitung an, denn er habe erfahren, dass nachts einige Burschen im Sakerausche verraten hätten, Watahiro sei da und habe Dr. Clärens Rache geschworen, und wenn einem Europäer ein Haar gekrümmt würde, müsste er im Auftrage des Honjin in Ketten gelegt werden oder sich selbst töten. Vorsicht sei geboten. Der halbe Ort wolle bis zum Heiligtume von Kamakura mitziehen, damit nicht das geschehe, was Major Baldwin geschehen in Zeiten der Feindseligkeiten.

Öhler war einverstanden. Er lud seinen Revolver und holte Clärens, nicht ohne einen leisen Glückwunsch zu seinen Erfolgen, ab.

Yamome sollte mit ihnen reisen.

In langem Zuge brachen sie auf. In einem Kago wurde Yamome mitgetragen. Sie war ja frei: Öhler hatte der Mutter Wunsch, sie zu sehen, als Vorwand gebraucht und die alte Tante zu Fujimiro beschenkt.

Trotz aller Vorsichtsmassregeln war es Watahiro gelungen, aus dem Dache des Family-Hotels zu springen und noch vor dem Mura-no-shikusho und dem Yakunin die Düne zu passieren.

Gerade vor dem ersten freistehenden höheren Tempeltore, hinter einem an der Avenue gelegenen Busche, verbarg er sich, ein Messer in der Hand.

Da kamen die Zugkarren und der Kago.

Im Kago lag Yamome in seliger Ermattung. Da verlor der Gemarterte die Fassung. Er stürzte aus seinem Verstecke, und, anstatt an Clärens Rache zu üben, sprang er zur Sänfte, schlug seine Arme um des Mädchens Hals und stach ihr das Messer in die Brust.

Dann eilte er, rascher als seine entsetzten Verfolger, zurück, dem Meere zu.

Bei Totsuka wurden frische Leute genommen und unter Geschrei ging es auf dem Tokaido weiter.

Vor ihnen fuhren einige Char-à-bancs, von Hakone kommend. In einen dieser legten sie Yamome, die nur leicht verwundet war, da das Messer bei dem Stoße abgeglitten war, und stiegen auch zu ihr über. Nach einigen Stunden kamen sie nach Yokohama.

Sofort eilte der Ortschef zu einem Honjin, den er kannte, um über Watahiros Racheakt zu berichten und die Überwachung anzuordnen. Herr Öhler gebot Dr. Clärens Vorsicht und zwei Geheimpolizisten mussten ihn bewachen, so lange er in Yeddo weilte.

Watahiro wurde seines Ranges entkleidet. Im Kriegsministerium wurde alles aufgeboten, um ihn unschädlich zu machen, was auch gelang.

Öhler zahlte die besten Ärzte und Clärens hatte die Freude, das Mädchen eines Tages frisch, wenn auch betrübt, am Strande zu erblicken.

Sie eilte zu ihm, weg von der Mutter.

„Nimmst du mich?" fragte sie kindlich.

Clärens, gewohnt, sich in den besseren Kreisen der fremden Gesellschaft zu bewegen, war nicht sonderlich erbaut durch diesen Überfall, denn er sah die Neugierde auf den Mienen der Promenierenden. Er sprach einige Worte und schloss mit dem Rate, sie solle sich beruhigen ‚er werde wiederkommen, sie zu holen.

Seligkeit überzog ihr Antlitz.

„Wann? Morgen schon?"

Armes Kind! Es ahnte nicht, dass sich Clärens an dem selben Abende noch verlobte und seiner Braut voran eilen wollte, um ihr ein schönes Heim zu bereiten. Warum sollte er Yamome wehtun?

Die Braut war aus Europa.

Die schöne Engländerin machte kein Hehl aus ihrer Liebe zu ihm. Kaum hatte er Yamome verlassen, so eilte sie zu ihm, nahm seinen Arm und fragte eifersüchtig erregt, ob er das Mädchen schon lange kenne? Wie es komme, dass er solche Dirnen kenne?

Er sprach die Wahrheit und nannte ihren Namen. Er spielte auch an auf das Attentat.

„Also, Sie sind der Held dieses Romanes von Enoshima? Sie haben Ihr Wort zurück, " setzte sie heftig hinzu.

Jetzt musste Clärens verreisen. Die Gesellschaft konnte er nicht mehr besuchen und Yamome wollte er nicht wiedersehen. Er nahm Platz für Vancouver.

„Reisen Sie glücklich! Der Krieg geht zu Ende, hoffentlich auch die Revolution, die Sie in den Frauenherzen angerichtet haben. Sie studieren etwas folgenreich das schwache Geschlecht. Wenigstens ist der wilde Mediziner festgenommen und wird lange sitzen. Mir ist leid um jeden Bou, den ich auf den Lumpen verschwendet habe. Doch ein wildes Volk!"

Das waren Öhlers Abschiedsworte, als Clärens sich auf der Vancouver-Linie mit dem Ticket über Canada nach Europa einschiffte, um niemals wieder den Boden von Nippon zu betreten.

V.

Als Clärens am Morgen auf hoher See aus seiner Kabine heraustrat, stak ein kleiner Pfeil in der Tür, daran ein Zettelchen mit den Worten: „Ich will deinen Tod sehen. Du hast mich verlassen, ich vergesse dich! Yamome."

Wie kam diese Mahnung an die Tür? Alle Nachforschungen blieben umsonst, obwohl der Kapitän sich redlich bemühte, der Sache auf den Grund zu kommen. Die Sehnsucht nach der Heimat, die immer kürzer werdende Distanz und der gesellige Verkehr an Bord lenkten den jungen Mann von den düsteren Erinnerungen ab, welche sich an die letzten Wochen seines Aufenthaltes im Lande der Sonne knüpften.

Nach neun Tagen erblickten sie das Festland. Die riesige Brandung und der Rückschlag der ruhelosen Wassermassen von den Felsen fesselte die Aufmerksamkeit.

Clärens stand, vertieft in den Anblick, und wollte sich eben wenden, um in der Kabine sein Gepäck zurechtzulegen, als er hinter sich ein leises „Kaishaku" vernahm.

Hastig drehte er sich um. Einer der japanischen Matrosen stand hinter ihm.

„Ein allgemeiner Fluch!" dachte er, doch in diesem Augenblicke schoss ihm der Gedanke durch den Kopf, ein Gefangener könnte entkommen, der Matrose müsste ein Verkleideter sein.

Noch war ihm nicht klar, warum ihm so bange sei, als er aus den wild aufleuchtenden Augen den Rächer erkannte: Watahiro stand vor ihm, der betrogene Liebhaber Yamomes, im Gewande eines Seemannes.

Clärens wollte rufen, aber schon lag die Faust des Verkleideten an seiner Gurgel.

Die Mannschaft eilte zu Hilfe.

Es war zu spät! Ein Messer durchbohrte die Gurgel des Deutschen. Diesmal traf es das Leben.

„Kaishaku, Dein Henker bin ich, stirb!" schrie der Fanatiker, als Clärens zu Boden sank, und mit einem gewaltigen Schwunge sprang Watahiro auf die Brüstung des Dampfers, von welcher er sich hinabgleiten ließ.

Er versuchte gegen das Land zu schwimmen, versank aber lautlos in einer der hochgehenden Wogen des Stillen Ozeans.

Als man in des Mörders Hängematte Untersuchungen anordnete, fand der 1. Offizier des Dampfers ein Blatt Papier mit japanischen Zeichen, deren Sinn war: „Wenn du den Deutschen tötest, werde ich dein Weib."

Es war dasselbe Papier und die gleiche Schrift, wie auf dem Zettel, den Clärens neun Tage zuvor auf dem Dolche an der Tür seiner Kabine gefunden.

Watahiros Rache, geschworen zu Fujimiro!

Yamomes Rache!

Aus Mamsell Espenlaub war eine Hyäne geworden, seit sie die Süßigkeiten der Liebe gekostet, und der Geopferte zahlte Öhlers Eifer mit dem Leben.

Josef von Doblhoff

Die Sonne steht fast senkrecht am Himmel, als der schlanke, hochgewachsene Mann durch den exotisch anmutenden Garten schlendert, vorbei an Steinlaternen, über die hölzerne Bogenbrücke hin zu dem kleinen schattenspendenden Pavillon. Der zweieinhalb Meter hohe Buddhakopf, grasgrün mit goldenen Augen, hat ihn schwer beeindruckt, und dann auch die Lackarbeiten und Schnitzereien aus Elfenbein, in Farben und Formen, wie er sie nie zuvor gesehen hat. Er öffnet den gerade erstandenen, kunstvoll gefertigten Fächer und verschafft sich Kühlung. Sein Blick fällt auf die abgebildeten Motive, japanische Schriftzeichen, aber auch die Rotunde, das Hauptgebäude der Wiener Weltausstellung. Als er kurze Zeit später das Ausstellungsgelände verlässt und am Praterstern eine Kutsche besteigt, ist er in Gedanken schon in dem Land der aufgehenden Sonne, dessen Besuch zum Höhepunkt seiner Reise um die Welt werden soll.

Am 25. Oktober 1844 erblickt Josef von Doblhoff in Wien das Licht der Welt. Er wächst wohlbehütet in guten Verhältnissen auf, doch schon früh stirbt seine Mutter, wenige Jahre später auch sein Vater. Im Alter von elf Jahren wird Anton von Doblhoff-Dier, das Oberhaupt der Tiroler Aristokratenfamilie, sein Vormund. Josef wächst in Wien auf, besucht aber oft seine Brüder Heinrich und Rudolf, die im Schloss Weikersdorf leben.

Schon früh wird Josefs Reiselust geweckt, als er 1856 bei einer Reise nach Venedig das Hafenleben kennenlernt. Auch während seines Studiums, das er 1863 in Wien aufnimmt, zieht es ihn immer wieder in andere Länder. Er reist nach Deutschland, die Schweiz, später auch nach Paris, wo er 1867 die Weltausstellung besucht. Im selben Jahr besteigt er den Mont Blanc.

Nachdem Doblhoff 1868 die juristische Staatsprüfung abgelegt hat, ist seine berufliche Karriere nur von kurzer Dauer. Bereits 1870 lässt er das aus seiner Sicht trübe Beamtenleben im Außenministerium hinter sich und beschließt, in die Welt zu ziehen. Italien ist sein erstes Ziel. Venedig, Rom, Sizilien und besonders Pompeji hinterlassen tiefe Eindrücke. Europa verlässt er erstmals im Jahre 1871, um zunächst Ägypten, später auch Amerika zu besuchen. Dort erreicht ihn die Nachricht vom Tod seines Onkels Anton. Doblhoff gibt seine Pläne zur Weiterreise nach Asien auf und kehrt nach Wien zurück.

Von Mai bis November 1873 findet in Wien auf dem Pratergelände die Weltausstellung statt. Doblhoff besucht die Ausstellung mehrfach. Besonders die japanische Ausstellungshalle und der dazu gehörende Außenbereich haben es ihm angetan. Er lernt dort auch Baron Raimund von Stillfried kennen, den Fotografen und Abenteurer, den er einige Monate später in Yokohama wiedersehen wird.

Am 24. Oktober 1873 begibt Doblhoff sich von Triest aus auf seine große Reise, die ihn in 285 Tagen um die Welt führen wird. Begleitet wird er von seinem Freund Julius von Blaas, der auf der Reise Skizzen anfertigen wird. Alexandria ist ihr erstes Ziel, wo sie aber in ihrem Elan gebremst werden. Aufgrund einer Cholera-Epidemie in Europa schicken die Behörden die Reisenden für fünf Tage in Quarantäne. So ist Doblhoff erleichtert, als er in Port Said zusammen mit seinem Begleiter Blaas das französische Schiff „Tigre" besteigen und Ägypten in Richtung Ceylon verlassen kann. Nach siebzehntägiger Fahrt, die ihn durch den noch im Bau befindlichen Suez-Kanal führt, erreicht der Österreicher am 2. Dezember Pointe de Galle auf Ceylon. Der anschließende Aufenthalt in Indien ist wieder durch unglückliche Vorfälle getrübt, da sowohl ein Besatzungsmitglied als auch ein Passagier versterben. Auf der Weiterreise nach Hongkong befinden sich mehrere tausend Kisten mit Opium an Bord. Am 3. Februar 1874 erreichen die Reisenden das chinesische Kanton, wo sie die Gastfreundschaft eines Deutschen genießen, der ihnen alle Facetten des faszinierenden Landes zeigt. Dazu gehören Besuche des chinesischen

Neujahrsfestes und des Theaters ebenso wie Abstecher zu Hinrichtungsstätten und Gefängnissen. Nach einem Zwischenstopp in Macao geht es dann endlich nach Japan. Nagasaki, Kobe und Osaka sind Zwischenziele, bevor am 7. März Yokohama erreicht wird. Besuche der Insel Enoshima und in Tokyo, damals Yeddo genannt, runden die Reise ab. Am 14. April verlassen die Reisenden Japan in Richtung Amerika, wo sie gut zwanzig Tage verbringen. Am 8. Juni 1874 erreichen sie schließlich wieder ihre Heimat.

Die Monate nach der Rückkehr verbringt Doblhoff damit, seine handgeschriebenen Tagebücher auszuwerten. Er wird auch Mitglied der Geographischen Gesellschaft und gründet den Wissenschaftlichen Klub, der sich zum Ziel setzt, Diskussionsrunden, Vorträge, Ausstellungen und Exkursionen zu veranstalten, um den wissenschaftlichen Austausch zu fördern. Doblhoff nimmt auch seine schriftstellerische Tätigkeit auf und verfasst neben seinem Reisebericht eine Vielzahl von Prosawerken.

Im Jahre 1875 heiratet Josef von Doblhoff die Schwester eines Studienfreundes, Antonie Freiin von Haan, die ihm 1880 und 1884 die Söhne Robert und Richard schenkt. Robert wird später in die Fußstapfen seines Vaters treten und im Jahre 1910 ebenfalls Japan und Amerika besuchen. Nach dem Tod seiner Frau im Jahre 1900 heiratet Doblhoff die 34-jährige Pianistin Mathilde Stohl. 1919 erleidet Josef von Doblhoff seinen ersten Schlaganfall. In den Jahren danach folgen noch weitere. Er stirbt am 9. März 1928 in Wien und wird im Familiengrab am Helenenfriedhof in Baden beerdigt. Doblhoffs Nachlass inklusive seiner Reiseandenken aus Japan können im Rollett-Museum in Baden besichtigt werden.

Raimund von Stillfried

Der Himmel am Neujahrstag des Jahres 1872 ist wolkenverhangen. Der einen markanten Vollbart tragende Europäer schiebt seinen Kragen hoch und steigt nach unten in das Innere des Schiffs. Dieses ankert schon seit einiger Zeit an der Mole von Yokosuka, an der sich nun eine vornehme Gesellschaft zur Rast niederlässt. In ihrer Mitte befindet sich der Meiji-Tenno, umgeben von seinen Gefolgsleuten und dem Chefarzt des französischen Marinehospitals, Dr. Savatier. Vorsichtig öffnet der bärtige Mann die Luke, hinter der er bereits seine Kamera aufgebaut und ausgerichtet hat. Ohne dass er dabei entdeckt wird, gelingt ihm die Aufnahme zweier Negative, und so entstehen die ersten Fotografien, die jemals von einem japanischen Kaiser angefertigt wurden.

Raimund von Stillfried wird am 6. August 1839 im böhmischen Komotau geboren. Nachdem er die kaiserliche Marineschule in Triest erfolgreich absolviert hat, verzichtet er darauf, eine Karriere als Offizier anzutreten. Stattdessen begibt er sich auf eine Weltreise, die ihn nach Amerika und schließlich auch nach Asien führt, wo er im Jahre 1868 Japan erreicht.

Stillfried ist ein Abenteurer. Durch seine Herkunft bedingt, ist er finanziell unabhängig. So begibt er sich immer wieder auf die Suche nach neuen Erfahrungen. Dies betrifft sowohl seine ausgeprägte Reiselust als auch seinen Drang, sich neuen beruflichen Herausforderungen zu stellen. Im August 1871 eröffnet Stillfried ein Fotostudio in Yokohama. In der fotografischen Kunst noch unerfahren, sucht er Hilfe bei Felice Beato, der sich bereits seit 1863 als erfolgreicher Produzent und Händler von Souvenirfotografien in Japan etabliert hat.

Die Herausforderung, ein eigenes erfolgreiches Geschäft aufzubauen, reicht Stillfried nicht aus, um seine Abenteuerlust zu befriedigen. Er will etwas schaffen, das noch nie zuvor einem Fotografen gelang. Als er davon erfährt, dass der japanische Kaiser am Neujahrstag 1872 eine Fabrik in Yokosuka besuchen wird, beantragt er die Genehmigung, zu diesem Anlass Fotografien des Regenten anzufertigen. Wie alle vergleichbaren Anträge zuvor wird auch dieser vom Kaiserhof abgelehnt. Stillfried lässt sich davon jedoch nicht beeindrucken und beschließt, heimlich Fotografien von einem Schiff aus anzufertigen. Als ihm dies tatsächlich gelingt, beginnt er unverzüglich, Abzüge der Kaiserfotografien zu vertreiben. Kaum haben die Behörden davon Wind bekommen, stoppen sie Stillfried und konfiszieren das Negativ, nicht wissend, dass dieser ein zweites besitzt. Schließlich entwickelt sich aus dem Vorfall eine handfeste diplomatische Affäre, bei der Stillfried seine drohende Ausweisung gerade noch mit anwaltlicher Hilfe vermeiden kann. Er verzichtet schließlich schweren Herzens darauf, seine Kaiserfotografien zu vertreiben. Lange gilt diese fotografiehistorisch so bedeutende Schöpfung als verschollen, bevor im Jahr 2000 ein Abzug bei einer Londoner Auktion auftaucht.

Im Jahre 1873 erweitert Stillfried sein Geschäftsmodell. Er macht sich auf den Weg zur Weltausstellung in Wien, wo er von zwei japanischen Zimmerleuten einen japanischen Pavillon aufbauen lässt. Zu seiner Reisegesellschaft gehören auch drei Japanerinnen, die dort als authentische „Teehausmädchen" Getränke servieren und ihm beim Verkauf seiner Fotografien behilflich sein sollen. Der kommerzielle Erfolg bleibt jedoch aus, und so kehrt er im folgenden Jahr nach Yokohama zurück.

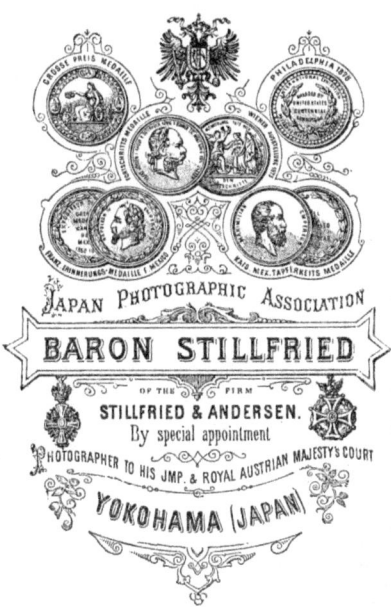

Als Stillfried im Jahre 1877 – nach einem Feuer im eigenen Studio – das Atelier Felice Beatos übernimmt, teilt er sich das Geschäft mit seinem Partner Hermann Andersen. Nachdem sein abenteuerlicher Versuch, den Kaiser abzulichten nach vier Jahren fast vergessen ist, beschäftigt Stillfried erneut mit verschiedenen Aktivitäten japanische Anwälte und Gerichte. Im Juni 1877 hält er es für angeraten, das Land zu verlassen. Er reist nach Amerika und Europa, unter anderem, um seinen Bruder zu treffen.

Doch die Faszination Japans lässt Stillfried nicht los. Nach seiner Rückkehr im folgenden Jahr, vereinbart er vertraglich die Trennung von dem gemeinsamen Unternehmen mit Hermann Andersen. Obwohl der Vertrag ihm dies nicht erlaubt, eröffnet Stillfried 1879 ein Atelier in Tokyo. Nachdem er in der gerichtlichen Auseinandersetzung unterliegt, eröffnet er erneut unter dem Namen seines Bruders ein Atelier in Yokohama, was den nächsten Rechtsstreit auslöst, den diesmal allerdings Stillfried gewinnt.

Im Jahre 1881 verlässt Raimund von Stillfried endgültig Japan und verbringt danach einige Zeit in Sibirien, Hongkong und Thailand, bevor er sich in Wien niederlässt. Dort stirbt er 1911 im Alter von 72 Jahren. Er hinterlässt ein beeindruckendes fotografisches Werk, in dem besonders seine Genrefotografien herausstechen.

Literaturempfehlungen

JOSEF VON DOBLHOFF, „*Von den Pyramiden zum Niagara – Eine Reise um die Erde*", Selbstverlag
Wer sich auch für die anderen Stationen der Weltreise Doblhoffs interessiert, dem sei die 1885 erschienene Urfassung seines Reiseberichts empfohlen.

HANS MEISSNER, „*Die Doblhoffs und Baden-Weikersdorf*", Verl. d. Gesellschaft der Freunde Badens
Die wohl umfassendste biographische Darstellung zu Josef von Doblhoff mit einer Einordnung seines schriftstellerischen Werkes.

CLAUDIA SCHMIDHOFER, „*Fakt und Fantasie : das Japanbild in deutschsprachigen Reiseberichten 1854 - 1900*", Praesens
Ausführliche Analyse der Berichte deutscher Japanreisender in der Meiji-Zeit mit einer Kommentierung der Reisebeschreibung von Josef von Doblhoff.

TERRY BENNETT, „*Photography in Japan 1853 – 1912*", Tuttle
Ein wahrhaft monumentaler Band, in dem wohl jeder ausführlichst beschrieben ist, der im Japan des 19. Jahrhunderts eine Kamera in die Hand genommen hat. Das Werk des Österreichers Raimund von Stillfried wird angemessen gewürdigt.

Bildnachweise

Titelseite: Raimund von Stillfried, Wasserfall bei Nikko, ca. 1875
S. 18, 21, 34, 40, 42, 54, 62, 66, 76, 92, 101, 109: Raimund von Stillfried, Personenstudien, 1868 – 1881
S. 121: Raimund von Stillfried, Offizierstochter, ca. 1880
S. 143: Julius von Blaas, Josef von Doblhoff und Julius von Blaas auf der „Tigre", 1874
S. 144: unbekannter Fotograf, Portrait Josef von Doblhoff, ca. 1900
S. 145: Albert George Sidney Hawes, Portrait Raimund von Stillfried, 1883
S. 146: Raimund von Stillfried, Der Kaiser von Japan mit Gefolge, 1872
S. 147: unbekannter Fotograf, Werbeplakat für die Fa. Stillfried & Andersen, ca. 1880

BIBLIOTHEK MEIJI

In der zweiten Hälfte des 19. Jahrhunderts öffnete sich das zuvor ganz in der eigenen Tradition verhaftete Japan hin zum Westen. Dieser Prozess war untrennbar mit dem Namen des Kaisers Meiji verbunden, der die radikale Umgestaltung der Gesellschaft ermöglichte und begleitete.

In der Reihe BIBLIOTHEK MEIJI werden wiederentdeckte Texte und Fotografien aus der Zeit zwischen 1850 und 1930 präsentiert, die das Aufeinandertreffen von östlicher und westlicher Kultur dokumentieren. Die Bände enthalten neben den historischen Werken begleitende Texte und Kurzbiografien der Autoren oder Fotografen. Sie vermitteln das faszinierende Bild eines Landes am Anfang seines Weges zu einer wirtschaftlichen und politischen Weltmacht.

Louis Couperus: Japanische Streifzüge
Broschur, 182 Seiten, 25 S/W-Abbildungen

Klaus Lerch: Das Atelier des Kusakabe Kimbei
Broschur, Glanzpapier, 97 Seiten, 30 Seiten Farbdruck, 20 S/W-Abbildungen

Ottmar von Mohl: Am japanischen Hofe
Broschur, 213 Seiten, 58 S/W-Abbildungen

Klaus Lerch (Hrsg.): Unheimliche Geschichten aus Japan
Broschur, Glanzpapier, 100 Seiten, 31 S/W-Abbildungen

Josef von Doblhoff: Chillonius in Japan
Broschur, 148 Seiten, 18 S/W-Abbildungen

HIBARIOS VERLAG
Königstraße 110, 41564 Kaarst, www.hibarios-verlag.de

Klaus Lerch

Das Atelier des Kusakabe Kimbei

Broschur, Glanzpapier
97 Seiten
30 Seiten Farbdruck
20 S/W-Abbildungen
ISBN 978-3-945058-01-5

*E*ine Minute lang absolut still stehen, wie sollte das gehen? Worauf hatte sie sich da nur eingelassen, als sie sich entschloss, ihr gar nicht so geringes Gehalt als Kurtisane durch diesen Nebenjob als Fotomodel aufzubessern. Nun schmerzt der Rücken unter der Last der schweren Samurairüstung und immer wieder fordert Kusakabe eine Wiederholung der Aufnahme, da sie sich zu früh bewegt hat.

*A*ber etwas Faszinierendes hat diese Tätigkeit und so kommt sie immer wieder in das Atelier des Kusakabe Kimbei, um ihr Gesicht und ihren Körper zur Verfügung zu stellen. Sie kann sich selbst betrachten, nicht nur im Spiegel sondern durch ein Bild, das nicht vergänglich zu sein scheint.

*S*ie ahnt in diesem Moment, dass sie durch ihr Abbild unsterblich werden wird. Noch Jahrhunderte später wird man sich durch ihre Bilder das Japan des 19. Jahrhunderts vergegenwärtigen, nicht wissend, dass der abgebildete Samurai in Wirklichkeit eine Frau ist.

Kusakabe Kimbei ist der herausragende Vertreter der japanischen Souvenirfotografie des 19. Jahrhunderts. Durch seine Fotos prägte er nachhaltig das Japanbild des Westens.

Lafcadio Hearn

Die Versöhnung des Samurai
Unheimliche Geschichten aus Japan

Broschur
112 Seiten
2 Seiten Farbdruck
13 S/W-Abbildungen
ISBN 978-3-945058-05-3

Der Schädelberg
Die Legende von Fugen Bosatsu
Das Mädchen aus dem Wandschirm
Der Reiter auf dem Leichnam
Die Kobold-Spinne
und viele mehr

In dieser Sammlung unheimlicher Geschichten aus Japan begegnen uns reumütige Samurai, tapfere Jünglinge und weitgereiste Gelehrte. Sie treffen auf die Geister Verstorbener, Dämonen aus der Unterwelt und auf Berge von Totenschädeln.

Lafcadio Hearns Interpretationen japanischer Mythen und Legenden sind schauerlich unterhaltsam. Zugleich vermitteln sie dem Leser ein tiefes Verständnis von Wertvorstellung und Tradition im alten Japan.

Edition Hearn

In der Reihe EDITION HEARN werden ausgewählte Werke von Lafcadio Hearn veröffentlicht. Der Schriftsteller griechisch-irischer Abstammung lebte von 1890 bis zu seinem Tod im Jahre 1904 in Japan. Durch seine Werke wurde das westliche Bild von Japan Anfang des 20. Jahrhunderts entscheidend geprägt.

Auch heute noch gilt Lafcadio Hearn im Land der aufgehenden Sonne als der Ausländer, der die japanische Kultur und Lebensweise am tiefgründigsten verstanden und beschrieben hat.

Lafcadio Hearn
Kwaidan
Seltsame Geschichten und Studien aus Japan
Broschur, 124 Seiten, 20 S/W-Abbildungen

Lafcadio Hearn
Die Versöhnung des Samurai
Unheimliche Geschichten aus Japan
Broschur, 112 Seiten, 2 Seiten Farbdruck, 13 S/W-Abbildungen

Lafcadio Hearn
Japan – Ein Deutungsversuch
Broschur, 303 Seiten

Lafcadio Hearn
Die Geisterkaskade
Seltsame Geschichten aus Japan
Broschur, 128 Seiten, 13 S/W-Abbildungen

Hibarios Verlag
Königstraße 110, 41564 Kaarst, www.hibarios-verlag.de